莫忘我

人类学家的老龄社会观察笔记

[新加坡] 汤玲玲 著

科学出版社

北京

北京市版权局著作权合同登记号　图字01-2018-4465号

Copyright © 2015 by World Scientific Publishing Co.Pte.Ltd. All rights reserved.This book, or parts thereof, may not be reproduced in any form or by any means, eletronic or mechanical, including photocopying, recording or any information storage and retrieval systems now known or to be invented, without written permission from the Publisher.
Chinese translation arranged with World Scientific Publishing Co.Pte.Ltd., Singapore.

图书在版编目（CIP）数据

莫忘我：人类学家的老龄社会观察笔记/（新加坡）汤玲玲著. —北京：科学出版社，2020.6
ISBN 978-7-03-065411-3

Ⅰ.①莫⋯　Ⅱ.①汤⋯　Ⅲ.①人口老龄化-研究　Ⅳ.①C913.6

中国版本图书馆CIP数据核字（2020）第095121号

责任编辑：耿　雪/责任校对：韩　杨
责任印制：张　伟/封面设计：黄华斌
编辑部电话：010-64011837
E-mail: gengxue@mail.sciencep.com

科学出版社 出版
北京东黄城根北街16号
邮政编码：100717
http://www.sciencep.com
北京建宏印刷有限公司 印刷
科学出版社发行　各地新华书店经销
*
2020年6月第 一 版　开本：787×1092　1/32
2021年1月第二次印刷　印张：10 1/8
字数：178 000
定价：58.00元
（如有印装质量问题，我社负责调换）

作者简介

汤玲玲 社会、文化人类学学者。1965年生于新加坡，美国伊利诺伊大学香槟分校人类学博士，现任新加坡国立大学副教授、日本研究系系主任，次世代研究所同席主任。

研究领域包括日本与新加坡等亚洲社会文化、老年学、代际关系和交流，著有多篇学术论作，担任美国《代际关系》学术期刊同席总编。2008年开始参与新加坡《联合早报·星期天（想法）》的"学人视角"专栏，2014年开辟"零距离"专栏。

序

吴小安教授

  如果说,数学是自然科学的皇冠,历史是社会科学的基础,那么,语言与文学则是文理两科的共同底蕴。历史学人的手法是叙事与长时段进程变迁,人类学者的关怀是对独特群体与当下日常的深描,以及对意义的深刻阐发与反思。历史学人的串联红线是时间顺序,人类学者的统领主题是文化、行为和亲属社会关系的普世关怀。历史学人倘若写小说,主要是历史的、英雄的和宫廷的,而且会被视为不务正业;人类学者如果写小说,既可以是历史的,更可以是当代的,而且被视为堂堂正正的专业技法之一。历史学人,很少是散文家,即使有也是例外,是属于怀古的、隐喻的和讽刺的;人类学者,除了基于弱势关怀的叛逆,似乎天性都是很好的散文作家和叙事高手;如果他们愿意,无论正统还是边缘的课题,文化、族群和权力关系,纷纷登堂入室,在在都是富有吸引力的深描和想象的迷思。

  新加坡国立大学日文系系主任汤玲玲教授是一位人类

莫忘我：人类学家的老龄社会观察笔记

学者，我是一位历史学人，受邀给她在中国再版的大作《莫忘我：人类学家老龄社会观察笔记》作序，如何定位、如何切入、如何展开，远非易事。尤其是，本书通篇倾注着玲玲教授深刻而富有温情的生命和社会文化关怀，无论是亲情还是友情，无论是个体和社区的地方性课题，还是国家与文化的普世性主题，都可以强烈地感受到玲玲教授的用心和爱心，细腻的笔端背后尽是生活的温度与专业的关怀。热爱和关爱，温情与温暖，通过专业的审视和笔法，轻描淡写之间，不时跃然纸上，不时渗透于字里行间，令我肃然起敬。

玲玲教授是我二十多年的老朋友，我们刚好是同龄人。2015年暑假，我再次返回新加坡国立大学亚洲研究所客座三个月，访问结束时与玲玲教授在河畔海鲜餐厅共进临别晚餐，她赠我一本在新加坡世界科技出版公司刚出版的大作《莫忘我》。拿着仍留有墨香的新书，我迫不及待地快速翻阅了起来，立马被吸引住了。我当时建议，该书应该在中国出版，扩大发行。我知道，玲玲教授长期从事日本老龄社会研究，并且拥有对新加坡老龄社会的长期观察与实践参与的专业经验，而中国社会的老龄化问题越来越突出，相信玲玲教授这本书会有他山之石的借鉴意义，相信很多人、很多部门会很感兴趣。尤其是玲玲教授的大作，不仅是关于老龄社会的养老、养护的政策与经济课题，更

序

是关于全球现代性背景下变老、孝亲的观念文化与社会伦理的调适关怀。某一天,我们终究会变老;某一天,我们终究会离去;无论身在何处,无论背景如何,无论肤色贵贱,我们本质都是同样的,都是平等的、鲜活的生命,哪里来、哪里去。这些应该是我们老龄社会与普罗大众亟待关注和面对的重要调适。

然而,玲玲教授《莫忘我》涉及的课题却远不止于此,其内容和内涵要广泛得多,丰富得多。玲玲教授通晓英、中、日三种语言,是新加坡土生土长的第二代移民,在新加坡受中学和大学教育。大学时,玲玲教授曾留学日本一年并研究日本社会与文化人类学,负笈美国攻读博士学位,学成后一直服务于新加坡国立大学,是一位具有全球视野、跨文化关怀,并且心胸开放、包容、友善的新一代学人。《莫忘我》61篇散文,记述了人的生老病死,从求学婚恋到为人父母、成家立业,从日本到新加坡和其他东南亚国家,从中国到欧美和澳大利亚,从家庭到亲属、邻里社区,再到同学同事、老师朋友,等等,随着玲玲教授成长足迹、生活轨迹、研究出差、访学度假、社会服务,娓娓道来。《莫忘我》的主题内容涵盖了生与死、老与少、亲与孝、家与国、爱与情、快乐与病痛、父母与子女、家庭与社会、工作与退休、学校与社区、国内与国外、旅行与文化、建筑遗产与自然环境等一系列人生社会的日常课题,随着父母的故

莫忘我：人类学家的老龄社会观察笔记

事、移民的故事、成长的故事、海外的故事、个体的故事，61篇散文，通过玲玲教授的媒介用心，融时间和空间维度于一体，构成一幅跨国生活、跨文化、跨世代的散文画卷。读完《莫忘我》一篇篇文章，清晰地感到玲玲教授真诚、细腻、温和的关爱与热忱投入专业的关怀，令人对生命、对生活、对世界、对文化，有着新颖的、温情的、开放的、坦然的感受。重新审视，令人感动、回味，仿佛深切地感受到了玲玲教授自己的生活、兴趣和人生态度。这应该是《莫忘我》最温暖、最温情、最动人之处。

玲玲教授祖籍广东梅州客家，客家女性一直以贤惠与坚忍著称，玲玲教授对公公婆婆发自内心的孝心、爱心，足以说明一切。在本书的自序中，她特别提到1995年暑期，挚爱的婆婆突发心脏病去世，家人为避免影响她考试学业，一直瞒着她，直到考试结束、婆婆安葬后才被告知。那份刻骨铭心的心疼与遗憾，可想而知，非亲身经历是无法体会的。无独有偶，我的另外一位新加坡好朋友、最近从新加坡国立大学退休的老师何自力兄，当年在美国攻读语言学博士时，家父在南宁病逝，也是事后很久才得知。他在自己的文集《心里话》对此有过同样难以释怀的追述。自力博士也是新加坡出生的侨生，多年前，我很荣幸受邀为他《联合早报》专栏文集出版的《心里话》（二集）写过拙序，不同的是自力的大作由新加坡青年书局出版。需要

序

特别指出的是，爱屋及乌，玲玲的先生邦吉同样温和友善，他的祖籍是福建南安。长期的交往互动过程中，我能感受得到，作为新加坡第二代华人移民，玲玲、邦吉伉俪明显具有浓厚的中国祖籍情节。玲玲教授虽然长期用英文从事专业写作，但曾经可是笔友和文学青年，这本《莫忘我》是她第一部中文作品，宝刀未老、风采依然，却已是云淡风轻，别有一番滋味。本书在中国再版发行，应该具有另外一份很特别的意义，私人的、文化的和血脉的意义。双方父母应该会特别欣慰的，老家的亲人应该会特别骄傲的。

喜欢品茶或喝咖啡的人，无论年老还是年少，不管是居家静坐或是旅行途中，和着背景音乐，看着周围的风景，读着玲玲教授的《莫忘我》，也许不知不觉地抬头，望着远方，不仅会若有所思，而且会憧憬感动。我这样想象着，也是这样感受着。

是为序。

2019 年 8 月 15 日初稿于马来亚大学
8 月末再订于北大朗润园

自　　序

有人问，选集里的61篇文章中，我最心系哪一篇？

该怎么回答呢？创作有如孕育新生命，自己的骨肉诞生了，即便不完美，还是会用心地去疼爱去珍惜。不过，若得选一篇每回重读依旧禁不住泪盈感动的，对我，那是思念家翁的《计算自己的日子》。

十多年过去了，仍旧忘不了家翁在病床上最后的叮咛："不要悲伤，你们要感到高兴。"到了生命的最后一刻，慈祥的家翁仍不忘顾及他人的感受，嘱咐后辈们要乐观面对无奈的分离。他让我感悟到，"我们在哀悼之际，也应该为先我们离去的人所留给后人智慧的分享而感恩。他们已在不知不觉中教导我们如何计算自己的日子，使我们的人生因为有他们的参与而变得更有意义"。

家翁待人处世的态度一直是丈夫和我学习的榜样。家翁与家婆感情和洽，家婆行动有点不便，每当外出，他总是牢牢地牵着她的手，两人亲密地缓缓而行。家婆是典型的自中国南下的上一代妇女，一生勤俭持家，为

莫忘我：人类学家的老龄社会观察笔记

人谦和，受人尊重。1995年的夏天，还在美国念博士课程的我正好举家回新加坡度暑假，婆媳俩在家不时有一搭没一搭地闲聊着。她操着浓浓的南安口音，总是笑着说人老了没用，希望一觉不醒就安然走了，不要给孩子添麻烦。我一笑置之，以本地式的福建话道："阿妈，别乱想，您会长命百岁的。"夏末我一个人提前回美国应对大考，直到考试结束，才在电话中获悉，家婆已在不久前的一个午后因突发性心脏病辞世，家人不想影响我备考，所以直至葬礼过了才透露实情。犹记得当时丈夫伤感地叙述："我赶到家时，妈妈做好的午餐还是温温的，她却已经离开了。"

我难以想象家翁的丧偶之痛。从美国奔抵家门时已是深夜，他从房里出来，只哽咽地说了一句："她走了。"我们紧紧相拥哭泣。

一个作者在自序里谈及被自己的文章所感动，好像是王婆卖瓜。但一篇文章交出去，也意味着作者亦成了读者。读者可以从文章中找到自己和共鸣，作者亦可以从读者的角度持续与其中的人、事、景互动，让累积着的旧回忆与新体验再引申出新的联想与感动。

书名《莫忘我》取自本书里一篇，是我探访患有失智症的日本教授的切身感触。我钦佩的这位杰出的人类学教授已于2017年5月谢世，她在研究日本社会文化方

自　序

面做出的贡献将永垂不朽，继续影响下一代学者。本书在新加坡初版时是 2015 年，正值新加坡欢庆建国 50 周年，又同时是哀悼建国总理李光耀逝世的一年。我在初版的自序里写到这书名"也提醒我们莫忘记新加坡的繁荣稳定是建立在建国先驱的坚忍和献身精神上。身为社会的一分子，不论强弱老少，我们都有可以为实现明天更美好的憧憬而尽一份力的能量"。

本书的 61 篇文章中，除了 59 篇从 2008 年至 2015 年载自新加坡《联合早报·星期天（想法）》的专栏"学人视角"和"零距离"的文字，也特别收录了 1992 年在《联合早报·文艺城》刊登关于陪我的家翁回福建家乡探亲的《归乡》，以及 1991 年刊登在《波希米亚》杂志"过客小站"专栏关于在 20 世纪 80 年代末在日本冲绳琉球大学留学体验的《一首歌，一个故事》，作为我对那段青春时期的留念。

非常感谢老朋友科学出版社编辑李春伶的推荐，让这本书有幸在中国出版，也感谢编辑耿雪在编校文集的过程中对我的耐心和帮助。这里不忘谢谢新加坡联合早报社何雪芬主任和八方文化创作室的编辑冯婉明在出版过程中的指点和帮忙。在此，我要特别感激吴小安教授与李宗高博士特为拙作细心撰写的序文，让读者可以更了解这些篇章所处的社会、人文背景和触点。最后，要

莫忘我：人类学家的老龄社会观察笔记

感谢为此书提供照片的多位朋友，尤其是任摄影师的老朋友洪耀光不吝共享的专业照片。

这一本中国版的《莫忘我》，谨献给我深深思念的已故家翁王汝缠和家婆陈乌嫌。

新加坡，二〇一九年八月
（家婆逝世二十四周年，家翁逝世十四周年）

原版他序

李宗高博士*

经济与科技的限度

新加坡建国 50 年来,在经济、科技等方面的发展取得了令人羡慕的成绩,加上治安良好、政治稳定,我们因此为这国泰民安的岛国感到自豪。许多数字显示,我们确实享有令人羡慕的第一世界国家人民的高收入、高教育、高社会服务水平等物质的富裕。只是我们的人文生活素质并没有与物质财富的增长一起提升。科技发展可能在较短期间突飞猛进,也可能使人们的心灵越来越浮躁。只是社会文化与人们的气质情操却是需要较长的时间熏陶与培育。

---

* 李宗高博士是长老会牧师,曾任政府医院医疗社会工作者,三一神学院讲师兼院牧,乐龄学院院长(义务);他著有《老年牧养学》;主编《回顾之旅》、《霜叶红于二月花》、《秋雨之福》、《秋日胜春朝》、《渔舟唱晚》和《讲讲南大的故事》等书。

莫忘我：人类学家的老龄社会观察笔记

我们这物质财富丰厚的社会其实隐含着不少科技、财富与教育不能解决的问题。在传统的价值观与伦理观被遗弃之后，除了法律之外，可遵循的具体人际行为准则已逐渐消失。我们若只是从家庭生活与代际关系来看，便看到家庭的功能正如洋葱皮一样一瓣一瓣地凋谢。家庭生活中各人身份与角色正日渐模糊，人际基本关系则日渐疏淡。家庭对一些人来说不再是生活的中心与亲情的所在。有些家庭连厨房也已经被邻里饭店所取代。我们的财富增加了，但富裕不一定带来快乐与优雅的生活。有些家财万贯的人家庭关系可能非常贫瘠，他们的心灵生活也可能是浅薄庸俗的。

优雅老年与代际生活的期待

我们的社会对老年的刻板印象和偏见的转化并没有随着教育的普及以及经济发展的速度而改进。我们对家庭与代际关系的认知与期望已随着潮流的渗透与冲击而模糊与淡化。一个人要老得优雅安详，代际间的关系要亲切和谐，并不是随着财富的增加而获得，而是出于理性的认知与心灵的感悟。这认知与感悟不是一朝一夕便形成的，除了社会、文化、教育与家庭背景之外，个人成长过程的经验与感悟也同样重要。

这些年来政府关注家庭与人口老化的课题。政府与志

原版他序

愿机构开创社区家庭服务中心，倡导"活跃老龄"并推广老年福利的工作。这种应时的措施以及实务的推广的确是必要的。在物资的供应以及活动的促进等方面我们看到许多可观的项目。这是令人鼓舞的。大家也当然知道，给人鱼吃只是应急措施，启发心态、教导技能并协助人捕鱼才是长远有效的策略。

叙事文的潜移默化

汤玲玲教授以其人类学家专业的细腻与敏锐，加上她对日本学、代际学、老年学多年的学术研究以及实务的参与，从不同角度来描述这些年来她在本地与外地对老年、家庭、代际关系、生态、人文等方面所观察、所经历与所感受的。这里收集的每篇散文，几乎都是以叙事的方式勾画出有关的人物与情景。这是以客观与从容的方式叙述所见所闻所感。这些散文表面上并没有从社会科学与伦理学中引经据典，却深入浅出地流露深厚的人文关怀以及崇高优雅的行为模式。这其中没有批判，没有教条式的训示，却提供读者足够的空间去思考、去体会、去感受、去回应。

叙事文犹如故事，有潜移默化的功能。我在阅读汤教授这本选集时，便感受到她的叙述早已蕴涵在她理性的认知以及心灵的感悟中。认知与感悟相辅相成。阅读这本选集能增广有关老年学、家庭学、代际学、日本学等知识，

莫忘我：人类学家的老龄社会观察笔记

也能启发激励我们去追寻优雅的生活。

一个邀请

　　静心细读这些叙事文不但能温暖我们的心，也让我们看到优雅生活是可能的。其实，我们的社会有可能，也必须在物质富足的基础上逐渐优雅起来。

　　汤教授这本选集的出版是她公开邀请大家来分享与回应她对日常生活中许多现象的观察、感受与观点。让我们在享受阅读的同时，也从每篇文章的情景来反思我们的社会、我们的家庭，还有我们自己的状况。在阅读时细读自己，叩问自己，肯定能提升阅读的情趣与效益。

2015 年 3 月 11 日

原版自序

我与独立的新加坡同龄。

我们这一代人,经历了家中从仅有收音机到有黑白电视,接着彩色电视,然后用电脑、手机观看电视节目的飞速社会经济发展历程。我们一般有着上一代人的特色:会讲方言,觉得孝敬奉养父母是天经地义的事,还有华校或英校生之分。我们也有下一代人的长处:会用电脑,与社交媒体接轨,是愿意花心思与孩子沟通的家长。叹一口气想,我们是忙忙碌碌的夹心层,上有父母,下有孩子。换个角度想,我们庆幸能在政府英明的领导下受惠,与国家共同进步,相信在代代秉承着先贤的奋斗精神继续努力耕耘之际,居安思危,国家会有更光明、幸福的未来。和当年迎半百的父母相比,我们这一代绝对是在态度、外表上都"不认老"的新一代,我们是新一代父母,也将是积极寻找怡然自得又各自丰盛优雅的下半百人生的新生代。

能够在人生下半场的起点承蒙八方文化创作室协力挚

莫忘我：人类学家的老龄社会观察笔记

情，结集出版自2008年在《联合早报·星期天（想法）》中刊登的所闻所感，对有生以来初次出版中文文集的我，恰如收到了珍贵生日礼物般，有着无法言喻的感动和感激。老实说，当年早报的何雪芬主任出其不意的一个来电，邀我加入当时"想法"版"学人视角"的专栏时，我的心情是喜忧参半的。喜的是有机会与睽违了十多年的中文写作重遇，但犹豫担忧的是，我行吗？我上次用中文写作已是20世纪用稿纸手写的湮远年代，我这个连在电脑上用中文都不习惯的人，行吗？的确，对一位称不上是中文写作人的小学华校生，每一回的文字跋涉，都是在重揭自己的中文驾驭能力，实在有力不从心的遗憾。所以特别感谢这些年来在一旁不断鼓励我坚持的另一半王邦吉、父亲汤国明，还有对我满怀耐心的早报星期天编辑们黄向京和王美燕。

不久前一时心血来潮，把几册封尘已久的剪贴本找出来，剪贴本里泛黄了的剪报，都是当年曾经在报章杂志上刊登过的中文文字。我稍做整理，发觉原来我自小学四年级第一次在《南洋商报》副刊的"小学生"版刊登了一篇名为《鞋子的自述》的小作文后，求学时期陆陆续续也在《星洲日报》和《新明日报》的副刊版、《学生文艺》、《好学生》、《知识报》、《少年月刊》和《学生文艺》以凌陵、小凌、芝娃等笔名刊登了近150篇散文随笔。1990年甚至胆敢接受了杂志编辑好友刘汶錄的邀约，在时尚杂志《波

原版自序

希米亚》立了"过客小站"的专栏共写了 11 期。1992 年 7 月在《联合早报·文艺城》刊登的《归乡》,可算是我那时期的最后一则散文,虽然之后在美国中部攻读博士学位时,也曾投稿北美《世界日报》,在其副刊上刊登过数篇随笔。这些泛黄了的剪报表面上或许仅仅是我年少时期对周遭的所闻所见、所思所感的一个记录,但是回想起来,这个随心所欲涂涂写写的经历其实是在播种,孕育我日后能够被人类学领域——这个讲究深入观察、感悟和反思的学问所吸引,也让曾任《波希米亚》编辑的雪芬能够在多年以后想起邀约我,把我兜回中文写作的圈子。

值得一提的是,80 年代初的青少年中文写作圈子是蓬勃多彩的。当年南洋商报的南洋学生、金声文艺中心、新马文友聚会、国家图书馆青年会,还有《好学生》的陈田启老师主办的不少文学交流活动,都让我这位转了英校的中学生仍有机会在校外继续欢欣地沉浸于华文文艺的怀抱。这些团体随着我们的成长和年轻人对华文兴趣的减低等因素后来都解散了,我有幸最近与一群昔日的新马文友通过 facebook 联系上,2014 年 12 月,我们三十载后首次在吉隆坡温馨重聚。

书名《莫忘我》取自一篇关于我在夏威夷拜访一名曾经熟络,后来患上失智症的日本教授的感触。在新加坡欢庆建国 50 周年,又同时哀悼建国总理李光耀的 2015 年,

莫忘我：人类学家的老龄社会观察笔记

也提醒我们莫忘记新加坡的繁荣稳定是建立在建国先驱的坚忍和献身精神上。身为社会的一分子，不论强弱老少，我们都有可以为实现明天更美好的憧憬而尽一份绵力的能量。特别在这篇（自序）里提到我的中文写作历程，对个人也有莫忘这本书的根源之意和感恩之情，感谢父母让我有机会在华校受小学教育，感谢在成长中一路有华文文艺的陶冶，容我今日仍有回到用中文抒发感思和想法的基础。这本选集，除了59篇从2008年至2015年《想法》版的文字，也特别收录了1992年在《联合早报·文艺城》刊登关于同年陪家翁王汝缠回乡探亲的《归乡》，作为对已故家翁的思念。另外也增录了1991年刊登在《波希米亚》，源自20世纪80年代末在日本冲绳琉球大学留学时体验的《一首歌·一个故事》，作为我对那段日子的留念。在编整文集的过程中，感谢八方文化创作室的编辑何华和冯婉明的指点帮助，也谢谢朋友们所提供的珍贵照片。

  这本文集收录了多篇与老龄社会有关的文章，所以特别邀约对老年学素有研究的李宗高博士写序。深信老年期是完善生命之季节的李博士，十年前在三一神学院"退出"时，以"欢庆生命新起点"作主题主办了感恩崇拜会。他享受音乐与歌唱，热爱乒乓，如今除了对歌唱和乒乓不罢不休，也不退不休地继续在本地与外地的神学院等客座教学。李博士于1995年创设新加坡乐龄学院，至今依旧积

原版自序

极参与老年事工的关怀和指导,他是我们寻求各自丰盛优雅的后半百人生的好榜样!

我的第一本中文书,谨献给我敬爱的长辈们,感谢你们这些日子对我的爱、培养和肯定。

2015 年 3 月 31 日

目　录

i / 　　　序
vii / 　　自序
xi / 　　原版他序
xv / 　　原版自序

活跃人生・有乐有爱

海外寻找退休天堂　　　　　　/ 2
魅力情书　　　　　　　　　　/ 7
站在第二人生起点上　　　　　/ 12
老少同乐　　　　　　　　　　/ 17
可妮与罗丽　　　　　　　　　/ 22
年龄不拘　　　　　　　　　　/ 27
六十岁的情书　　　　　　　　/ 31
退休后旅游去　　　　　　　　/ 35
榕树下的家　　　　　　　　　/ 40
与梯子共舞　　　　　　　　　/ 45

莫忘我：人类学家的老龄社会观察笔记

计数自己的日子

三代同二堂	/ 50
健康人瑞	/ 54
计数自己的日子	/ 58
美丽结局	/ 63
金色年华	/ 68
亲孝行	/ 73
看护看护者	/ 77
莫忘我	/ 81
家享	/ 86
牵手	/ 90
2030	/ 95
隔洋看护	/ 100
老化中的日本典型家庭	/ 104
护老挑战东西谈	/ 109
最棒的一代	/ 113
安享晚年	/ 117

天下父母心

失落的父母	/ 124
孩子在等待	/ 128

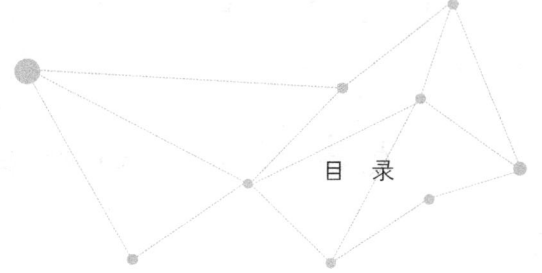

目 录

家有喜事　　　　　　　　　/ 133
希望孩子上学快乐　　　　　/ 137
电源缺些，科技少些　　　　/ 142
子孙满堂　　　　　　　　　/ 146
保家卫国　　　　　　　　　/ 150
让运动发光　　　　　　　　/ 155
好家长　　　　　　　　　　/ 159
学习放轻松　　　　　　　　/ 163

回家·归乡

回家　　　　　　　　　　　/ 170
灾后有"绊"　　　　　　　 / 175
我家在这里　　　　　　　　/ 179
归乡　　　　　　　　　　　/ 184

那些年……

细水长流　　　　　　　　　/ 192
新谣·心谣　　　　　　　　/ 197
回校日　　　　　　　　　　/ 202
一首歌，一个故事　　　　　/ 207

人文探索・情怀

巴厘岛的诱惑 / 214
茶的陶冶 / 219
旅季 / 223
灾后 / 228
火车情缘 / 233
田野情怀 / 237
入境卡 / 242

宜居的内涵

土楼精神 / 248
亲老龄 / 253
挑战心理的病魔 / 259
聆听与参与 / 264
自然地包容 / 268
怀旧与取舍 / 273
亲切社区 / 278
再思社区参与 / 283
终身学习的知行落差 / 288
蜜蜂闪驻的反思 / 292

活跃人生 · 有乐有爱

海外寻找退休天堂

'长期居留'的概念提供了可以随时回归日本的安心空间。这无形中促使更多人去尝试移居海外;因为那已经不是一个不能再回头的艰难抉择。

初春在东京和雅子相约见面。

向来开朗的她,这回一反常态,一脸愁容地诉说家里最近发生的"大事":"唉,我那在秋田老家刚退休的爸爸决定和妈妈迁移国外享受第二个人生,竟然已经申请到了什么马来西亚的银发计划长期居留证!他们的英语不行,一生也没出过几次国,怎么会贸贸然就决定要离开日本呢?"

活跃人生・有乐有爱

"父母亲退休后能有自己的计划是件好事啊!那你以后'回娘家'时就可以顺道来新加坡找我啦!"听我说得那么轻松,雅子顿觉释然,点点头说:"其实,一听到爷爷奶奶要移居,最兴奋的莫过于我家的麻里,因为这下她有机会坐飞机出国了!"

近年来,迁移国外退休的概念已逐渐受日本的银发族群所青睐,成为个人"享受第二人生"计划中一个愈发受欢迎的选择。除了由日本政府所成立的"长期居留基金会"(Long Stay Foundation)以外,近来民间也自发成立了越来越多非营利组织,为有意移居国外的退休人士提供移居各国的最新信息。

退休后移民国外当然不是日本的专有趋势,早在20世纪80年代,欧洲的英法德等养老金制度较发达的国家,已经目睹了成批的退休人士移居至西班牙和地中海的阳光海岸地带的趋势。在那一带崛起的"德国人村""英国人村"等海外退休部落,据说还引发了日本通产省的奇想。在日本政府开始把人口老化划等为"老人问题"的时候,通产省于1986年公布了"银发哥伦比亚92"计划,准备趁着日元大幅升值的良机到海外投资购买土地,在美国、澳大利亚、西班牙、新西兰、菲律宾等地兴建"海外日本人村",让日本退休人士利用积蓄、退休金和年金,到国外安享"第二人生"。"海外日本人村"计划在1992

莫忘我：人类学家的老龄社会观察笔记

年落成，以纪念哥伦比亚在500年前从西班牙启航，发现了美国新大陆。

通产省的如意算盘一发布就遭到国内外激烈的舆论攻击，外国舆论抨击日本大量出口日产汽车后，欲大量出口日本的"老人问题"，日本国民则批评政府蓄意遗弃已经不事生产的公民，活现了那把老人丢弃在深山里的日本民间传说"姨拾山伍说"。

于1992年成立的"长期居留基金会"，是通产省在"银发哥伦比亚92"计划搁浅后的新方针，把焦点从提倡永久移民转至国外长期居住。后者所获得的支持反映出自20世纪90年代随着海外旅游的普及化，日本人已较能接受，并开始向往与落实离开日本，到阳光普照、风景宜人、生活费相对低廉的国家过退休生活。更重要的是，"长期居留"的概念提供了可以随时回归日本的安心空间。这无形中促使更多人去尝试移居海外，因为那已经不是一个不能再回头的艰难抉择。

去年旅居澳大利亚珀斯时，就遇到不少退休后移居当地的日本人，其中除了夫妻以外，也有一些是单身、离婚或丧偶的女性。他们都一致表示宜人的气候（珀斯是世界上最多晴天的城市），绚丽的大自然，比日本低的生活费（如：打高尔夫球的费用很大众化）是吸引他们选择澳大利亚的要素。此外，女性比男性更强调在国外能享有的自

活跃人生·有乐有爱

由空间,远离了日本社会的束缚。他们大多是通过退休移民准证申请居留。其中有已在珀斯住了20年的夫妻,也有仅移居两三年的例子。

乍看之下,日本人近年来退休后移居他乡的足迹,似乎意味着通产省的"银发哥伦比亚92"计划在21世纪的可行性。然而,在与移居澳大利亚的日本退休人士接触后,发觉无论他们自认有多本土化或国际化,包括结交不少当地朋友,熟悉本土习俗,活跃于当地文艺及义工活动,却对在异乡终老都有所保留,大多打算健康不济或体力衰退后就返回日本。日本退休人士有自知之明,意识到晚年不能依靠儿女抚养,所以有的已经在积极物色日本的疗养院,开始筹备人生最后一个阶段的去处。看来与其在海外建造退休村,日本政府更需要在日本兴建退休村和疗养院,扩充与改善现有的医疗服务体系,以应付在国外长期居留后转而回国的体弱年老国民。

日本冬季时,在新加坡和雅子相约见面了。他们一家人正在飞往槟城途中,要到"新娘家"过年。

自去年开始,马来西亚已经超越澳大利亚,成为日本人退休海外的首选国;槟城是其中的热门选择。雅子这回恢复了常态,兴奋地说:"爸爸妈妈搬到槟城后,我们联系得更频繁。他们似乎很享受在那里的生活呢!"

"他们打算永久移居吗?"我好奇地问。

莫忘我：人类学家的老龄社会观察笔记

"应该算是'健康退休移居'吧！爸爸说他们计划每年回国做健康检查，身体不好就会搬回日本。"

2008年12月12日刊于《联合早报·学人视角》

魅力情书

> 我一直认为,这是一叠魅力非凡的书信,就算是仅仅把它当一本小说来读,也必能让读者感染到爱情与时代的震撼力。这些情书有它独特的生命力,希望它可以早日问世,以唤醒更多沉睡的爱情。

同事丽斯的研究项目俗称为"情书项目"(The love letters project)。

这个项目的基本资料源自一对日本夫妻26载的鱼雁往来书信。这一叠书信总共有九百多封,是一位姓松尾的海军上将在他当海军军官时期与妻子保持联系的重要管道。

莫忘我：人类学家的老龄社会观察笔记

松尾夫妇合照于1921年12月。他们在同年2月结婚。

（Elizabeth MacLachlan 提供）

这些从大正八年（1919）至昭和二十年（1945）的书信寄自世界各地，显示当时日本海军军舰曾遍布美国、英国、俄罗斯、德国、中国、阿根廷、新加坡等30多个国家。

那的确是诉尽夫妻俩爱意绵绵相思无尽的浪漫情书，每一张泛黄的纸都令读信的人深深感受到这对离多聚少的夫妻间那浓得化不开的爱情。尤其令人感动的是读到魁梧英武的军人丈夫写着他总是流着泪，紧紧地把妻子的来函拥在胸前入睡，等待梦中与挚爱的妻子相聚，这类道尽分离两地的无奈告白。书信里也有不少俳句等格式的情诗，可以想象他们这一对已达到"沧海可枯，坚石可烂，此爱此情永不变"境界的恩爱夫妻一定羡煞了不少旁人；毕竟当时日本的家庭普遍受封建思想所影响，夫妻关系轻于父子关系。

活跃人生·有乐有爱

　　松尾上将与妻子是属于当时较罕见的、因自由恋爱而结合的夫妻。虽然"恋爱结婚"这个现代观念对处在民主自由气息浓厚的大正时代（1912—1926）的年轻人来说并不算陌生，不过，实际上，就算是在提倡"恋爱结婚"的全盛时期，大正时代的婚姻中也只有3%能算是不靠媒妁之言的自由恋爱婚姻。

　　而松尾上将与妻子的自由恋爱更比一般人情节曲折复杂，因为妻子是他的继母的亲妹妹，所以他们可说是经历了重重阻碍，排除万难后才凭恒心最终获得长辈的认同而得以结合。他们对恋爱的执着和追求后来更是促使夫妻俩在大正末年决心成为基督徒，因为圣经中教导夫妻要相爱的婚姻观，正是通过自由平等恋爱而结合的他们所追求和学习的榜样。

　　不过，这些书信也不尽是倾吐相思之苦，其中有不少是关于日常生活中的柴米油盐、孩子的教育与修养，对于宗教的讨论，偶尔夫妻也通过信函的往来为坚持己见而争执怄气。松尾上将与妻子的书信否定了传统的女主内男主外的对立关系，当做丈夫的积极为家里的大小事提出意见看法时，做妻子的也聪慧地在丈夫应该如何处理职场上的人际关系和争取升职的策略上给予宝贵的意见。第二次世界大战期间的书信更透露了不少鲜为人知的幕后军事活动。

　　我一直认为，这是一叠魅力非凡的书信，就算是仅仅

莫忘我：人类学家的老龄社会观察笔记

把它当一本小说来读，也必能让读者感染到爱情与时代的震撼力。

丽斯对这项研究项目特别热衷，虽然她的专业是现代日本文化，但通过这项研究，她已快成为近代日本历史通。然而，这项研究最具意义之处在于，这是她已逝祖父母的书信。

美日混血儿丽斯对在日本的外祖父母一向印象模糊。母亲早年从日本到美国读大学后，就和美国人结婚落户新泽西州，在美国成长的丽斯自然鲜少有机会和日本的外祖父母接触。这些保留完整的信件是两年前在东京老屋独居的单身大姨逝世后，丽斯和妈妈回日本清理老屋时"出土"的。

当初她们的确为该如何处理这些书信而大伤脑筋。后来在我们的建议下，丽斯决定把它当成一个项目研究，开始系统化地处理这些资料。那是一个繁琐的处理过程，要通过这些资料探讨20世纪大正与昭和时代的日本家庭观、夫妻关系等课题之前，每一封信都得先被扫描入电脑编入档案，然后找人把原文输入存档，翻找解决需要注释的部分，再翻译成英文供分析解读。

最近丽斯的项目进程遇到了一些阻碍，因为在日本帮她输入书信原文的上原老先生，一位近70岁的退休高中历史教师心脏病突发辞世。刚从上原老先生的儿子口中得

活跃人生·有乐有爱

知噩耗时,丽斯还担心他是因为这份差事过于操劳而影响健康。听到上原老太太要和她说话时,丽斯心中更是忐忑不安。在电话的另一端,上原老太太却以充满感激的口吻说道:"我非常感谢您让我先生甚至我能够参与这份工作。他离世之前的这六个月,是我人生中最幸福的时光。我们深深被松尾夫妻间不渝的爱情所感动,后来我的先生竟然开始主动给我写情书。托您的福,我们终于能够享受恋爱的甜蜜与幸福。"

我愈发肯定这些情书有它独特的生命力,希望它可以早日问世,以唤醒更多沉睡的爱情。

2009 年 1 月 18 日刊于《联合早报·学人视角》

站在第二人生起点上

> 无论是美轮美奂的校园型老年大学,或是借用社区的设施开设在一个角落的'老年教室',能重拾学生的身份,重新走入课室,总是令人向往的经历。

上个月有幸出席飞跃乐龄学院的首届毕业典礼。看神采飞扬的乐龄毕业生,戴着四方帽,身披亮黑的毕业袍,以稳健的步伐上台领取毕业证书时,不禁觉得人类有必要改写老年的定义。台上的乐龄朋友们,尽管有些已逾花甲,外表和感觉却都那么年轻,他们孜孜不倦的好学精神,更是颠覆了社会对老年的刻板印象。

活跃人生·有乐有爱

据知,本地已有几所乐龄学堂,偶尔报章上也出现一些关于设立老年/第三年龄大学的讨论。然而,在新加坡是人口急速老化社会的认知中,对于老年的关注大多集中在谁来供、谁来养的意识上。这固然无可厚非,但当人们的寿命普遍延长,拥有健康的年月也同时延长,步入花甲已不能等同于"老不中用",花甲年华的价值观依然应该持续自我成长和学习。

在乐龄学习和教育的普及上,日本堪称是其中之冠。许多退休人士都把上老年大学当成是退休生活中的必要体验之一。在退休生涯可能长达三四十年的前提下,他们大多选择在退休之后的前几年先回到校园充实自己,趁这个机会敲定接下来的生命目标。他们当中有的会因为这一次的学习体会而决定回到正规学府深造,有的从学习中肯定了自己的献身志向从而积极投身社会义务工作,也有的在共同学习的机缘下成为知交,扩大了其后的生活圈子。

一位认识多年的日本教授退休后,就一直在家乡的老年大学授课。他对目前的学生赞不绝口:"年轻的大学生上课,总爱从讲堂的最后一排坐起,不到前面来。乐龄学生呢,恰恰相反,都是从第一排坐起,每堂课前面的座位都坐满了!我以前在大学讲课时,学生们经常迟到,上课时公然呼呼大睡。现在的学生呢,不但比老师早到,他们上课时专心投入,下了课还留下来热烈讨论。"

莫忘我：人类学家的老龄社会观察笔记

重拾学生身份参与终身学习是开启第二人生的渠道之一。
(飞跃乐龄学院提供，2009)

乐龄学生的学习热忱，的确让年轻人汗颜。有一回，在日本应邀到一所老年大学讲课。学生们都准时入座，勤做笔记，之后因为提问踊跃，又临时另辟时间继续交流。这群学生中有一组后来还以新加坡的宗乡会馆为小组毕业研究课题，通过史料、实地考察和访问，认真地呈上了有水准的研究报告。

当时，除了被学生坚毅、诚恳的求知态度所感动，我还特别羡慕他们拥有的求学环境和完备设施。这所名为"神户银发学院"的老年大学，由神户市政府在1993年设立，

活跃人生·有乐有爱

富有欧陆风格的学院建筑就坐落在风景宜人的神户北区。这所三年制老年大学的创校目的，除了要为神户市民提供一个终身学习的优越环境，更是期待毕业生能够积极地参与义务工作，回馈社会。学院总共有1200多名学生，分布在健康福利、生活环境、国际交流和综合艺术四个科系。由于课程丰富，学费便宜，所以每年的报名人数都因为超额而必须抽签入学，可算是该区域中的老年大学名校。

神户银发学院为学生提供了一种整体的参与型校园生活。除了上课外，学院也鼓励学生参与课外活动，由学生所发起的课外俱乐部种类众多，有体育、传统艺术、表演，也有外国语学习、电脑、时事研究等俱乐部。另外，很多学生也积极参与各类型的义务工作，与社区保持密切联系。学院这十多年来已为社会栽培了不少热心公益的义工生力军。

在日本的老年大学行列中，神户银发学院还是个校龄较短的年轻学府。日本最早期拥有独立校园型的老年大学，该算是1969年在兵库县开办的"印南野学园"。这个原本制定为一年制的大学，在学生的要求下，很快地发展成四年制，八年后增设了研究所。为了让更多有意学习的乐龄者受益，印南野学园也开设了函授课程，成立了多家分校。

除了独立校园型外，日本有更多的老年大学属于"讲

莫忘我：人类学家的老龄社会观察笔记

座"和"课室"型，利用社区的设施，如公民馆（有点类似本地的联络所）开班上课。日本的第一所称为"乐生学园"的老年大学，就是1954年由长野县一名公民馆的馆长以"老年教室"的概念发起的。

  无论是美轮美奂的校园型老年大学，或是借用社区的设施开设在一个角落的"老年教室"，能重拾学生的身份，重新走入课室，总是令人向往的经历。当你站在第二人生的起点上开始思索该如何面对生命的新篇章时，何不让再学习的魅力为花甲年华增添乐趣与价值呢？

  2009年3月15日刊于《联合早报·学人视角》

老少同乐

如何促进老少交流和互动是一门学问。不仅仅是把小孩和老年人安排在一起就算达到目的。短暂、一次性的代际活动，有时反而会增加两代间的误解。

在三月樱花欲开的季节，重访东京江户川区，不禁忆起学生时代在这里做田野调查的时光。那一年我对一所被称为"江东园"的综合福利设施做研究，把重点放在设施和社区内老少互动交流上。平时在"江东园"，我就像员工般轮流在托儿所、托老所、老人院和疗养院帮忙。记得在樱花盛开的春天，我还经常带着几位坐在轮椅上的老人

莫忘我：人类学家的老龄社会观察笔记

家到附近的小公园赏花呢。

"江东园"这种老少积极互动和双向交流的模式，在日本堪称先端尝试，它成功营造了一个比拟多代同堂、老少同乐的大家庭形式，让老人聚居的场所平日都能够听到小孩的笑声，也让在小家庭成长的孩子能够习惯有爷爷奶奶一同作息的生活形态。在多代环境中度过学前生活的孩子，往往较关心家中和社区的长者，把有老少、健全和残障人士共处的社会结构视为理所当然。

在少子老龄化的社会前提下，"江东园"的模式在民间已被广泛接纳，老少交流的形式也林林总总，令人目不暇接。但是，许多看似综合性的福利设施，其实是由不同的机构提供不同的服务，不一定能够达到"江东园"式的水平。有时尽管老人服务机构希望和小孩有更多日常生活上的交流（譬如一起用餐），隔邻的托儿所或儿童托管中心可能基于老人不卫生等偏见而不愿配合。"江东园"由同个机构管辖各个不同的服务设施，加上最初就立定"老少同乐大家庭"的愿景，在设计上提倡把隔离老少设施的高墙拆除，所以能够在日程里紧密无间地推展与促进老少双向互动。

重访江户川区时，发觉近年来的日本，一方面有越来越多老年人独居的趋势，另一方面社区内也蓬勃地发展着各式各样的老少交流模式。一位独居的老年人只要愿意积

活跃人生・有乐有爱

极地参与社区内的老少交流活动,他与邻里孩子们建立感情的机会,肯定比与分开住的孙子多。他可以每天两次当步行义工,陪伴学童上下学,一路上与学童闲谈,多了解新生代,也可以趁机培养天天步行的好习惯。日本的小学生一向都是自己步行到同个社区的小学上课,但因几年前全国各地连续传出骇人听闻的诱拐杀害学童事件,不少社区自动自发呼吁居民加入义工队伍,譬如每天义务陪伴学童上下学,也不时提醒他们应该如何防范坏人及应对突发事件,以确保学童出外的安全。

除了当陪行义工,喜爱与孩子沟通的老年居民也可以到校园与放学后的学童交流。据说这项"开放学校"计划,六年前由江户川区成功发起后,现今全国已有多所学校仿效实施。江户川区更在四年前把它推广至区内所有73所小学,目的在于有效地利用学校设施,让社区、学校和家长联手通过各种活动,促进孩童和大人的交流,以培育孩童的身心成长。这个计划强调让孩童自由学习和玩乐,不像一般托管中心有专人负责下课后的学习和纪律。尽管如此,孩童留在校园玩乐,总比在外头溜达安全,所以备受家长们欢迎。这些孩童也可以参与由家长或居民义务发起的各项活动。其中,有不少活动是老年居民以拿手的传统技艺和园艺为孩童开办,包括将棋、折纸、书道、茶道、太鼓、三味线、种植蔬菜、饲养昆虫等等活动,借此促进

莫忘我：人类学家的老龄社会观察笔记

江东园成功营造了老少同乐的亲切环境。（江东园提供）

老少互动，也让老少相识成为知交。

如何促进老少交流和互动是一门学问，不仅仅是把小孩和老年人安排在一起就算达到目的。短暂、一次性的代际活动，有时反而会增加两代间的误解。在本地，有的中学生在学校安排下到老人院当了一次义工后，因为和老人家言语的隔阂而强化了他们对老年人的刻板印象。反之，持续性的交流活动较能有效地促进两代间的理解和感情。有一群中学生在连续每周探访，并且定期为老年人策办茶

活跃人生·有乐有爱

会，一起玩游戏后，发觉尽管有语言障碍，他们已建立互相关怀的基础。他们因而主动与自己的祖父母交流，对祖父母的过去和现在产生好奇。

意识到老少交流和互动对个人和社会的重要性，已有欧美高等学府设立这类专业文凭和学位课程，为设施和社区培育人才。日本至今未有学府开办这类课程，可"江东园"却极有创意地融合传统三代同堂的理念，在综合设施里体现了代际交流的温馨，也把社区带进学校，让不同代际能够在自在的交流中，共同创造一个老少宜居的社会。

2009年4月12日刊于《联合早报·学人视角》

可妮与罗丽

我能想象当它还是游泳池的时候,有两位要好的老朋友经常在夏日艳阳天里在池中戏水作乐,谈笑风生。

在珀斯旅居时,颇满意能够如愿以偿租到一栋心仪的房子。房子坐落在环境优雅的老区,毗邻西澳大学,也靠近孩子们选择就读的学校。虽然房子陈旧了些,不过,样样齐备,省却了我们得为那仅仅一年的旅居而添购家具电器的烦恼。房屋经纪说,这房子是第一次出租,屋主因为年纪大了不方便独居,最近搬入疗养院,所以屋里的东西我们都可以尽管用。

活跃人生·有乐有爱

我们在夏天迁入这栋房子。那个中午,刚把行李箱都打开后,就有位白发斑斑、身材瘦高的老太太把头探入屋内亲切地说:"嗨,我是可妮!"我走出那乱糟糟的客厅和她握手,发觉她右手正撑着拐杖,却还爬上梯阶来和我们打招呼。"我是你的邻居,就住在前面。"她指了指眼前的小洋房,然后又挺自豪地说:"你知道我今年几岁吗?告诉你,我今年 97 岁!"我听她这么一说,就立刻觉得应该扶她一把,可她转身从容地走下梯阶,还回过头说:"有什么事情需要帮忙的话尽管找我。"我一愣,其实,说这番话的人应该是我这个"年轻人"呀!

可妮的小洋房就在我们房子的跟前,两栋房子分建在一千平方米左右的地段上。我们和可妮的屋子之间有个停车间,两栋房子的后院仅隔着没有上栓的矮木篱笆。我住的这栋小洋房有三室二厅,L 型的房子围绕着一片长方形的青草地。在落日余晖中从厨房的窗口望出去,看到孩子们在草地上踢球的欢乐神态时,总不禁觉得幸福也就是如此。

没有帮佣的日子特别忙碌但也充实,平日在往返大学、载送孩子上下课的间隙中偶尔碰到在前院散步的可妮,会匆匆寒暄几句。踏入冬季后,蓦然发觉有一阵子没见到可妮了,遇到她的儿子约翰时才知道她在换季时患了感冒后身体愈加虚弱,不得不入院。

莫忘我：人类学家的老龄社会观察笔记

　　接下来的四个月，我总共到过三处探望可妮。可妮住院两个月后，虽然我觉得她精神颇有起色，家人却都决定她已不适合独居。当时我想，她的大儿子约翰，或是小儿子彼得会接她回去同住吗？反正他们都退休了，加上有登门看护的服务，应该可以让年迈的母亲留在家中受照料吧。其实那不过是我一味"东方文化思维式"的想法。一决定不返家后，孩子们就按照当地的惯例立刻为母亲办理入疗养院的手续。在这期间，可妮暂时被转入一所中途站式的疗养院，等待长期疗养院有空置时再搬迁。每回驱车去见可妮时，已不用匆匆寒暄，探访时悠闲聊天的机会意外的堆砌起我对可妮和我那素未谋面的屋主罗丽的认识。

　　原来可妮和罗丽年轻时已是一对要好的朋友。罗丽小可妮两岁，两人都在四五十岁时丧偶，她们一直都拥有全职工作。退休数年后可妮和罗丽都各自卖了那见证孩子们成长的老屋，一起迁入这两间小洋房当邻居。她们曾经是公务员，如一般澳大利亚退休人士有固定的养老金和医药福利。"我们刚搬入时才60岁多一些，身体好得很。我们喜欢打羽毛球，我的运动一向都很棒的呢！"可妮满是皱纹的脸颊绽开了笑靥，沉浸于昔日的美好回忆，"罗丽和我共度了30多年悠游自在的退休时光，我们还曾经乘游轮到过新加坡和其他亚洲国家呢"。

　　"她喜好烹饪，我经常在她家用餐……还有，你知道

活跃人生・有乐有爱

吗，那一片长方形的青草地，本来是个游泳池，夏天时我们经常泡在水里优哉游哉地谈天说地，真是快活！"

"唉，罗丽90岁后身体状况就大不如前，她坚持了好几年才愿意搬到疗养院去。听约翰说她最近很虚弱，已不太能说话了……"

我第一次瞥见罗丽的样貌，是可妮在长期疗养院安顿下来以后。那已是晚秋了，我一踏入可妮的"新居"，就注意到房间布置得温馨优雅，摆满了从家中带来的照片和装饰品。她指着在桌几上一枚两名妇人的合照中的其中一位说："你看，这就是罗丽。"照片里的罗丽比身边的可妮娇小，笑容可掬，有一头深褐色的卷发。照片大概是在二三十年前拍的吧，可妮明显的较年轻，目光炯炯有神。之后她递了一个告示给我，"罗丽上个星期走了，这是她的葬礼的告示"。那一天，神色黯然的可妮又娓娓道出了许多和罗丽有关的往事。

罗丽逝世不久，罗丽和可妮的孩子们就决定一起出售他们的母亲的房子，并且要求新买主继续让我们这家租户住到约满。

又临夏天，这回我们准备迁出房子回国。把房子锁上之前我最后一次回到厨房的窗口望出去。如今，屋外长方形的青草地不仅泛着孩子们欢乐的足迹，我能想象当它还是游泳池的时候，有两位要好的老朋友经常在夏日艳阳天

莫忘我：人类学家的老龄社会观察笔记

里的池中戏水作乐，谈笑风生。

幸福也就是如此。

2009年5月10日刊于《联合早报·学人视角》

那一片青草地还是游泳池的时候，有着可妮与罗丽欢乐的足迹。（作者摄）

年龄不拘

> 希望我们的社会也能够突破老龄歧视。当更多的退休人士选择'不退不休'的生活方式时,给予'不拘年龄'的机会。

与在墨尔本一所大学任教的好友苏珊聊天时,她提到最近在一个私立奖学金计划下录取了两位优秀的博士生,专门研究长期婚姻生活和老龄健康的关系。"一位是40多岁的女性,另一位是男性,83岁。"

"83岁?"我以为听错了。

"没错。丹尼从众多申请者中脱颖而出,大家一致推选他。他显然很惊讶能有机会角逐奖学金,遴选面试时竟

莫忘我：人类学家的老龄社会观察笔记

问我们他的年龄会不会是障碍！"

我可以了解丹尼的惊讶，如果在亚洲社会，83岁高龄学生获得奖学金就读博士课程的消息很可能早已上报，成为社会奇闻！

不久，我通过苏珊认识了丹尼。在长途电话另一端，他高兴地说，刚获知接下来两年继续有奖学金。

"太出乎我意料了！这或许意味着这个社会有点改进了吧。相信我，活到我这个年龄，已经不得不接受社会的确存在歧视老龄的眼光。但人们也不是存心要歧视，其实大多数人根本没觉察到他们怀有歧视。少了这份自觉，要改善社会对老龄的歧视就更困难了。"

的确，不论是申请入学、奖学金或是找工作，即便表面上是不拘年龄，筛选者却往往已下意识地设定了年龄限制。要突破老龄等于退休的常规而实现真正的年龄不拘，是需要有如苏珊和她的同僚般毅然不问年龄，只评估个人条件的实际举动。

丹尼的个人条件果然优异。65岁退休前，他是生物化学领域颇有成就的科学家，但是退休后的活动才能算是真正符合奖学金的条件。离开实验室后，翌年，他报读了与他本来专业迥然不同的社会学课程。他也在专业辅导学院修得婚姻和哀伤治疗的辅导资格。70岁以后的十年里，丹尼不但取得社会学和心理学学士荣誉学位，也热心发展新

活跃人生·有乐有爱

事业和义务活动，包括成立辅导中心，活跃于澳大利亚退休人士协会，以及促进老年福利与身心健康的不同官方和民间组织，并且经常发表有关老年人退休与健康生活等课题的演说。丹尼曾经两度结婚丧偶，第一段婚姻维持了30多年，育有六名子女。个人的感情经验丰富了他的辅导专业，也让他与这次奖学金的专门研究课题有了特别的联系。

丹尼把步入八旬之后方攻读第二个博士学位的计划，当成对个人极限的挑战。虽然成为全职学生后的生活相当忙碌，他仍旧坚持为社区提供义务辅导服务。

我问丹尼他的前同事如何安排退休时光，是不是有不少和他一样选择"不退不休"，积极追求新领域新知识呢？据悉，越来越多退休人士选择重返正规大学，与孙子一般年纪的学生济济一堂地学习。他们甚至比年轻学生更充满学习的热忱。数据显示：澳大利亚的高等学府目前有大约6000名60岁以上的高龄学生，其中65%是女性。最受他们欢迎的学科排序为：文科、商科、心理学和神学。半数高龄学生正在修读学士，其余的有一半攻读硕士，另一半则是博士生。

"同事群中唯有我回返大学念书，"丹尼却说，"其实十多二十年前，较少人会去认真地计划退休生活。我当时也不过是想利用一些时间好好反思自问，到底要怎么去过接下来的日子？那时决定报名人文社会学系一年级，也

莫忘我：人类学家的老龄社会观察笔记

不过是仗着几十年前是大学新生时曾修过一门社会学入门课，依稀记得那门课挺有趣罢了。我根本没料到现在竟会选修社会学博士课程。"

他认为，退休对一般人而言就等于终于获得漫漫长假，再也不用为工作操心。很多老年夫妻喜爱退休后到处游山玩水，过"延长的假期"。澳大利亚人也喜欢成为运动俱乐部会员，一起打高尔夫球、网球、草地保龄球等运动。然而，几年后生活渐渐地平静下来，社交圈子也越缩越小，慢慢地就只能在自己的花园走动。

不过，丹尼也补充"退而休"的观念近年来已稍有改变。或许是医学的发达，教育水平的提高，加上人们已普遍接受活跃乐龄这个概念的关系，社会也开始意识到今时的退休人士已不再局限于往日的老弱印象。让高龄学生也能够公平竞争，"不拘年龄"的奖学金就是一个令人鼓舞的例子。丹尼希望毕业后能够学以致用，譬如参与一些教学，继续辅导老年夫妻的婚姻，以及推动政府的老年政策调整，为促进老年福利尽一份力。

祝福他。希望我们的社会也能够突破老龄歧视，当更多的退休人士选择"不退不休"的生活方式时，给予他们"不拘年龄"的机会。

2009年8月30日刊于《联合早报·学人视角》

六十岁的情书

> 然而,在人生的道路上共同遮风挡雨几十载,感激之情的表达或许更能诠释那经过岁月熏陶的情爱与唏嘘。

若干年前就已听说过关于《六十岁的情书》这个畅销全日本的作品系列。

简短的情书构思源自住友银行 2000 年 11 月 22 日于日本特有的"美好夫妇日"首次发起的一项情书明信片筹集活动。这个鼓励年届暮年的人士"以真挚情感,感谢的心情给在漫长人生路上携手走过的老公／老婆写封情书"的活动,出乎意料地大受欢迎,在短短两个多月就接获多

莫忘我：人类学家的老龄社会观察笔记

达 16 000 封情书。如今活动已踏入第九年。

自 2001 年起，NHK 出版社将这些情书结集出版，每年推出一本收集了大约 160 封"老公写给老婆的，老婆写给老公的—60 岁的情书"。去年，NHK 电视台也首播了选集中三对夫妇的故事，深获好评。

在网上的中文博客读到一名年轻人说被《六十岁的情书》这个书名所吸引，因为好奇"60 岁，会写出什么样的情书"，所以读了译本。年少的她，无法想象怎样能够跟同样一个人相处几十年，到 60 岁时还可以说得出"我爱你"。

其实，我猜《六十岁的情书》里直接表达"我爱你"的字句应该不如"谢谢你"频繁。

我只在网上读过几篇摘要。这些信对老伴浓浓的谢意，不禁使我忆起 Sada Masashi 收录在 1979 年自创专辑《随想录》的《关白宣言》（大男人宣言）。这首歌曲从大男人的角度描述了传统的夫妻关系，开始几段歌词尤其让现代女性难以苟同："你不可以比我早睡，你不可以比我迟起……把孩子养育成年。当我们年老时，你不可以比我早死，早一天也不行。"歌词结尾却让所有女性动容：

（我将离去时）我什么都不需要，只要你握着我的手
默默流泪，别滴超过两颗泪珠（离不开大男人本色）
我会对你说，一定会对你说

活跃人生・有乐有爱

因为有你，我拥有了美好的人生
不要忘记，我所爱的女人
这一生只有你一个

　　碍于文化上对爱的表达的差异，很多丈夫就如"关白宣言"中的大男人般，大概一生都从未对妻子表白过"我爱你"。然而，在人生的道路上共同遮风挡雨几十载，感激之情的表达或许更能诠释那经过年月熏陶的情爱与唏嘘。

　　上周在飞往首尔的新航班机上，很惊喜能够欣赏到深川荣洋导演今年五月刚发行的相关主题的日本电影《六十岁的情书》（英文名为 My Dear Love）。影片中的三个真实爱情故事是从 86 000 多封的情书中挑选出来。三对主人翁来自不同背景，有刚从大公司退休、随即离家投入年轻情人怀抱的孝平（中村雅俊饰）与他那贤惠的家庭主妇妻子千寻（原田美枝子饰），经常斗嘴但感情融洽的卖鱼铺夫妇正彦和光江（尾形一成和绫户智惠饰）以及丧妻的医生静夫（井上顺饰）与单身职业女性丽子（户田惠子则饰）。主人翁们几经波折，最终，都学到宽容和悔改，及时领悟到应该抓紧生命中珍贵的情爱。电影情节不乏幽默，但令人感动的画面更多，惹得我在座舱里哭得一塌糊涂。

　　步入超级老龄化社会的日本，近几年频频推出与 60 岁有关的作品。年届 60 岁的男女，尤其是第二次世界大

莫忘我：人类学家的老龄社会观察笔记

战后的婴儿潮一代（生于1947—1949年），因为人数"空前"（超过800万人口），所以他们的老年化动向一直备受注目。有的专家担忧大批婴儿潮一代的退休会令劳动力市场短期内出现严重短缺，也有分析家从近年老年离婚率的上升趋势预言将会有更多的婴儿潮一代在退休后离婚。

在日本典型的"男主外、女主内"的家庭模式中，做妻子已习惯与早出晚归的丈夫各自独立生活，反而认为退休后整天在家的丈夫碍手碍脚。一项调查结果显示，女性最担忧的是，退休后夫妇在一起的时间增加，自由会被"剥削"。因为不想与退休丈夫同处一个屋檐下而提出离婚的妻子大有人在，加上自去年四月稍有变更的年金制度更袒护女方，允许离婚女方分得男方收入的一半，所以，老年离婚率大幅增加的可能性是不容忽视的。

其实，《六十岁的情书》已不仅是个抒发情感的渠道，借着感激之情的表达，或许还能够阻止老年离婚的危机呢。可以预计接下来日本将会有更多针对婴儿潮一代的温馨作品和活动登场，期待它们能够帮助退休后的夫妇重新正视夫妻生活，彼此学习接纳包容，共同携手迈向无怨无悔的人生尽头。

2009年9月27日刊于《联合早报·学人视角》

退休后旅游去

试想从忙碌的工作岗位退下,与友伴悠然自得地在豪华游轮上参加各种活动,蓝天碧海环抱,浪漫夕阳同行,如此惬意的退休生活怎么能不令人神往?

活跃乐龄理事会一项关于婴儿潮一代的最新调查报告显示,婴儿潮一代(调查定义为 45 至 65 岁)的新加坡人是独立、乐观和活跃的一群,他们当中超过六成每年至少出国休闲旅游一次。我想,如果把问题换成"你理想中的休闲生活应该是怎么样的",回答"出国旅游"的人数肯定不止六成吧?

莫忘我：人类学家的老龄社会观察笔记

随着人们对休闲和退休观念的改变，亚洲旅游业的银发市场的确蕴藏着巨大的消费潜能。（汤国明提供）

　　新加坡人热衷旅游的事实，从近年来办得愈加频繁愈加大型的旅游展中即可得证。作为社会中坚分子的婴儿潮一代显然是业者看重的消费群，但是目前他们上有年迈的父母要供养，下有正在求学的子女得抚养，深感生活重担的人数不少。我所认识的少数经常出游的婴儿潮一代都有个共同点，就是他们大多已处在半退休或退休状态，无须照顾家中老小，有闲情加上有闲钱，得以

活跃人生·有乐有爱

提早实现理想中的休闲生活。

对旅游业者而言，退休人士绝对是不容忽视的高消费群，在欧美，他们更是许多昂贵旅游配套的主要顾客群。在众多旅游方式及配套中，登上豪华游轮漫游世界的度假方式，尤其被广大的欧美中产阶级视为不容错过的退休生活体验。试想从忙碌的工作岗位退下，与友伴悠然自得地在豪华游轮上参加各种活动，让蓝天碧海环抱，与浪漫夕阳同行，如此惬意的退休生活怎么能不令人神往？

退休后云游四海的休闲方式在亚洲仍处于起步阶段，不过，随着经济的蓬勃发展，中产阶级和富裕人口的迅速扩大以及人们对休闲和退休观念的改变，亚洲旅游业的银发市场的确蕴藏着巨大的消费潜能。

日本可说是亚洲银发旅游业的先驱，针对年长旅客的旅游网站上，林林总总的海内外旅游配套令人目不暇接。除了周游列国的豪华游轮，日本的旅游业者也推出了不少创新配套，如超豪华型的世界遗产游，到国外上烹饪、美容、外语课，甚至有参观海外养老福利设施的特别团。旅行社除了为活跃乐龄设计旅游配套，也有专为使用轮椅的人士所设计的旅游团。

日本的年长者，包括婴儿潮一代（出世于 1947—1949 年），对出国旅游并不陌生。在 20 世纪 80 年代日本经济发展的鼎盛期，不少人都曾参加旅行团出游。就算不准备

莫忘我：人类学家的老龄社会观察笔记

把旅游当作退休后的主要休闲活动，一般人都希望能在步入人生的新阶段之际来一个"毕业旅游"。日本企业有正式退休后重新以较低薪资被雇用的制度，有些公司甚至赞助旅游配套，以鼓励年届退休的老员工在重新被雇用之前先与妻子出国"退休旅游"。据说这个举动颇有助员工放松心情，安抚今后收入减少的不快情绪。

提起日本人的旅游方式，我们不难存有以下刻板印象：一群戴着帽子的日本旅客仓促地跟在高举小旗帜的导游后头，生怕掉了队。然而，日本旅行业协会调查却显示，婴儿潮一代对典型的赶鸭子团已兴趣索然。随着网络资讯的发达，时间充裕的年长退休人士的旅行方式已趋向多元化；他们不单是那些有专人侍候的豪华旅游消费者，越来越多退休人士也喜欢亲力亲为策划每个旅程，自行探索，甚至如年轻人般背包旅行，期待精彩不凡的经历，丰富生活。近年来，热爱旅游的日本中老年人士纷纷成立各具特色的旅游俱乐部，在网上积极切磋交换旅游心得，也定期聚会，成立小型读书会学习认识不同国家民族的文化和语言。他们着手策划行程，也尝试把旅游和学习、义工等活动结合起来。

活跃乐龄理事会的调查显示，新加坡的婴儿潮一代有四成喜欢自己安排旅游行程，或许当这群四五十岁时代的"网络新移民"退休后，也会像日本的中老年人士般，更

活跃人生·有乐有爱

趋向于自行策划的旅游方式。不过调查也显示,有多达八成仍旧会采用旅行社的服务,如代订机票和住宿。旅游业者在多元化的新型旅游趋势中,若能密切关注这个庞大消费群的需求并不断自我创新,提供新点子和优质服务,在婴儿潮一代的带动下,旅游业银发市场的发展空间将无疑是潜力无穷的。

2009 年 11 月 1 日刊于《联合早报·学人视角》

榕树下的家

当初因为日本人的丑陋而决定离开日本的美和，或许想象不到，这一份单纯的执着竟然把她带回日本。去激发日本人美善的一面，令人们愿意无私地把时间、金钱和精力奉献给社会上不幸的一群。

周遭不少年届半百、生活条件宽裕的人们，近年来逐渐放缓忙碌的脚步，开始享受安逸的生活，人生目标算是达到了吧，又似乎不尽然。聚在一起时，有人问：到底什么是人生的意义？怎么我过着年少时梦想的丰裕的物质生活，却老觉得生命里缺少了点什么？

活跃人生·有乐有爱

年届半百时，名取美和毅然放下浮世繁华的生活，把余生献给泰国清迈一群被艾滋病感染的孤儿。（汤玲玲摄影）

最近在泰北清迈展开与研究相关的拍摄工作时，遇到了一位大概也在年届半百之际问过自己这个问题的人。

她是清迈近郊一家孤儿院的创办人。现年64岁的名取美和，早年毕业于德国著名学府商业设计系，在日本经济腾飞的七八十年代回返东京工作创业，因为对日本人的拜金主义和自私心态倍感失望，在45岁那一年决定离开日本旅居欧洲。51岁时她踏足清迈，通过当时在清迈义务照顾晚期艾滋病病人的德国医生友人，与艾滋病病患者初次接触。

莫忘我：人类学家的老龄社会观察笔记

"那是我人生中第一次认识到生命可以那么的无助和绝望，她们与旅客经常见到的、笑脸迎人的泰国人全然两样。我所遇到的患病妇女都是寡妇，她们遭世间唾弃，到了生命终了仍深念着也染上病的孩子。"美和带着最初的震撼，毅然放下浮世繁华的生活，决定把余生献给一群受艾滋病感染的孤儿，好让他们的母亲安心。

她通过日本内外的人脉网络找来不少企业和朋友的帮助，两年后成立了"榕树下的家"。孤儿院坐落在十英亩大的土地上，最初收留了12名孤儿，如今增加至30名年龄介于7至19岁的孩子。最初的三年，她经历了十个小生命相继离世的悲痛，幸好接下来日益先进的医药治疗成功地遏制了孩子们的发病率，只要定时吃药，他们就可以和普通人一样活泼地过着每一天。

孤儿院的孩子都在附近村镇的学校上课，最初他们不时遭遇欺凌和排斥，甚至被迫退学。为了解除村民对艾滋病的误解，促进孩子间的交流，美和通过企业的捐助在孤儿院修建了一栋备有图书室、电脑室和聚会所的大楼，欢迎村民共同使用。这个点子果然有效，如今附近的小孩已渐渐和孤儿院的孩子们打成一片，他们待学校假期，便出席由孤儿院主办的运动会、足球赛，也一起去野外露营。

如何确保能有足够的资金持续做下去，往往是慈善事业不得不面对的棘手问题。能干的美和这几年陆续发起了

活跃人生・有乐有爱

能够提供稳定收入的渠道,包括成立手工艺工房,在占地内建造度假屋让游客租用,在市区经营餐馆。孩子们也在美和的艺术朋友们的协助下学习画画、陶艺、手工布染等艺术,之后将好作品售卖筹款。

怎么去推销产品呢?美和把目光转回日本消费者,除了开设日语购物网站,也在镰仓市开了一间"榕树下的家"专卖店,并且在东京市中心的大百货公司内展卖产品。她每半年回国一次,经常接受媒体访问,积极鼓励生活在舒适环境里的日本人走出去,去感受不如他们幸运的人们迫切的需要。这些年,孤儿院也逐渐地建立起一群拥有共同理想、大多是日本女性的同工和义工,在他们的同心协力下,孤儿院稳定发展。目前,这些"生意"的盈利已足够资助孤儿院一半的费用,减少了对捐款的需求。

提到将来,美和计划开展有机蔬果的培植,逐步实现自给自足的理想,她也盼望孩子长大后有人愿意回来接管孤儿院的工作,为身处同境的孩子们服务。

"榕树下的家"诞生自11年前一位年届半百的日本女性那份最初的震撼。当初因为日本人的丑陋而决定离开日本的美和,或许想象不到,这一份单纯的执着竟然把她带回日本,去激发日本人美善的一面,令人们愿意无私地把时间、金钱和精力奉献给社会上不幸的一群。

如果人生的目标是生活安逸,当我们拼搏多年,随着

莫忘我：人类学家的老龄社会观察笔记

国家经济的繁荣达到目标后，接下来，与其想还能拥有什么，我们或许应该换个角度，想想自己可否用已经拥有的，去为他人，或为这个地球做些什么，从付出中寻找人生的意义，填补生命里缺少的那一点什么。

  2010年8月8日刊于《联合早报·学人视角》

与梯子共舞

大卫对与梯子共舞的看法提醒我,一个人的本事不会因为年纪大而骤然消失,我们不该因年龄而质疑个人的能力。

住在美国的退休教授大卫在电子邮件里说,他两周前登上梯子清理屋顶的檐槽时听到打雷声,心想赶紧把工作赶完,结果一不小心与梯子共舞起来,接着一起碰地了。他伤了脚踝也擦伤了脸,但最令他不快的是医生竟然责备他:"怎么到了你这种年龄还用梯子?"

"我必须告诉他这关乎个人的机敏度和能力,与年龄无关。我对自己处理梯子的本事有信心,我的失误纯粹是

莫忘我：人类学家的老龄社会观察笔记

因为一时匆忙而忽略了用梯子时该注意的安全事项。这些对老年人的小小偏见已开始成了日日得面对的烦事。"

糟了，我想，如果我是那位医生，大概也会同样责备他吧。我会说80多岁的人了，不应该爬高爬低？还是以事论事说怎么这么不小心？

很惭愧，我想我也会下意识地先关注年龄吧。虽然我可以尝试解释年龄会影响一个人的机敏度，但我们或多或少都对老年持有偏见，经常不自觉地贬低年长者的实际能力。这样的情况，在东方思维的社会体系中或许更为显著。美国人类学者桑格尔（Andrea Sankar）在研究医学与文化的关联时提到，在中国"老年"被公认为病因之一，所以医生对病痛常有"因为年老"的诊断结论。不论年少或年老的我们在日常生活中不也有意无意常以"因为年老"为结论吗？年龄真的是限制吗？还是人们制造出来的体制限制了年龄？

大卫对与梯子共舞的看法提醒我，一个人的本事不会因为年纪大而骤然消失，我们不该因年龄而质疑个人的能力。先要说明大卫其实会视需要为老年期做出调适，他自认健忘症状已处在"不仅忘记名字，连脸孔也经常记不起"的阶段。前阵子他把家里重新装修一番，打造了无障碍环境，以便迎接人生八旬以后的居家生活。

随着人们的普遍长寿，已开始有不少老年学家呼吁有

活跃人生・有乐有爱

必要以新概念来诠释年龄，这包括把年龄区分为出生年龄、生理年龄、心理年龄和社会年龄。这样一来，一个人的生日就只能代表他的出生年龄，因为生理、心理和社会年龄会随着个人的心态、对健康的关注、与周遭人和事的互动而改变。著名老年学家穆迪（Harry Moody）就喜欢在他的演说中幽默表演一段"年龄差距"，扮演一位出生年龄过百岁的人瑞，身体多个部位却因为做过置换手术而正值壮年，以反映医学科技的发达，直接惠及生理年龄。

环顾四周，我们不难发现与实际出生年龄颇有差距的例子，想想一些在孩提时就认识的影视艺人，今日看来仍旧这么青春明艳照人，他们的确体现了"青春永驻，岁月不留痕迹"的年龄差距。回想起父母亲，总要等到与他们庆祝生日时，才惊觉原来他们都已70开外，步入老年期。然而除了脸上多一点皱纹外，他们的谈吐、穿着、办事能力、效率都和过去没有改变。虽然母亲偶尔会说老了不中用，但我怀疑那不过是要配合社会对老年人的偏见，以她年轻的穿着和想法，我猜测她的心理年龄肯定和出生年龄相差悬殊。在本地，从人们响应"活跃乐龄"的概念，到适合中老年人士的杂志所介绍的活动和时装，不难发现有更多人积极地拉大出生年龄与生理、心理、社会年龄的差距。

近来日本一项对50岁以上消费者的调查显示，中老

莫忘我：人类学家的老龄社会观察笔记

年人士普遍自觉比实际出生年龄年轻，虽然平均差异是 8 岁，男士的差异较女士稍高，而健康和经济状况良好的人自觉年龄差异最大，达到 9.2 岁，这与健康和经济状况差的人相差了近 3 岁。这个调查结果将有助那些要开发银发市场的企业更有效地接触到他们所要针对的消费群。然而，事实上，不少企业对进军银发市场仍有所顾虑，生怕一旦被定型，将会造成其他年龄层的消费者敬而远之。

步入由社会定义为老年期的人们，有不少或许已意识到年龄不单是每一年生日的数字，一个人可以开始健忘，但身手仍旧敏捷；他听觉开始不好，但仍旧能够弹一手好琴。问题是，怎样让其他人抛开年龄歧视，去接受对年龄的新定义？或许那得等到我们能够不再责备一位与梯子共舞的年长者，"都 80 多岁的人了，还爬高爬低"？

2011 年 5 月 29 日刊于《联合早报·学人视角》
原刊名《与梯子共舞的老人》

计数自己的日子

三代同二堂

> 看来'二世代住宅'不太能让人回归到三代同堂的传统大家庭模式,不过如果能至少达到'三世同二堂',能相对独立又能相互照应,共同营造温馨美满的大家庭气氛,这种新型大家庭的模式还是令人羡慕的。

住在东京的元山夫妻邀请我们去他们家时,元山太太说,他们和元山老先生同住一个屋檐下。我原以为,是三世同堂。

登门造访后却发觉,那跟印象中的三世同堂颇有差异。那是一栋两层楼的房子,据元山夫妻说是十年前翻修旧居

计数自己的日子

时改建成两层楼的。

他们和三个儿子的起居都在一楼，元山老先生则住在二楼。基本上那是个独立单元，有自己的厨房、厕所、厅堂和寝室。元山老先生平时都是通过设在屋外的楼梯出入。退休多年且丧偶的他生活独立，有自己的生活圈子，日常生活如吃饭、洗衣服，整理房子等都能自理。晚餐时间元山老先生如果在家的话，元山太太通常会为他准备晚餐，不过得送上楼去。平时，两家人是分开生活的。

原来这是"二世代住宅"——同住一个屋檐下又相互独立的所谓三世同堂。

几年前在分析有关日本家庭关系的调查资料时，曾被"二世代住宅"给搞糊涂了。有的人虽称是三世同堂，却极强调各自的独立生活，没有三代的共处空间，也没有一起用餐。反之，有的人虽称是核心家庭，却表示家里有长辈帮忙照顾孩子。

"二世代住宅"这类新型的住宅并不能被简易地纳入一般家庭结构的分类中（单身／核心／三世同堂家庭）。理想中的"二世代住宅"综合了三世同堂和核心家庭的优点，一方面"共居"的形态可以促进祖孙间的相互照应，不但解决独居老年人的空虚孤寂及需要被照顾的问题，孩童也得到祖父母的照顾。另一方面，各自独立的空间尤其是两个厨房，可以减少大家庭中常见的纠纷，如婆媳之间的摩擦和种种家庭矛盾。

日本建筑公司在20世纪80年代初开始积极地推出"二世代住宅"时，除了强调以上好处，更打着"回归三世同堂，共享天伦之乐"的旗帜。

随着"二世代住宅"的需求越来越大，很多建筑公司都成立了专门负责这类住宅的部门。除了针对家庭成员的生活方式和生活作息，在建筑和室内设计上做了相应的设计，还负责购买土地和财务借贷方面的事宜。这些公司甚至提供辅导服务，教导从此要住在同一个屋檐下的各个家庭成员应该如何和睦相处。

如果日本家庭能够回归三世同堂，最开心的莫过于日本政府了。自20世纪70年代步入老龄化社会以来，日本政府就一直为家庭养老功能弱化而头痛。自60年代高速经济发展期之后，日本的家庭结构已迅速地从传统大家庭转变为现代小家庭，如果能够通过"二世代住宅"的普及促使家族合并，由家庭来分担照顾老年人的责任，那么，越来越庞大的老年人口给社会资源造成的压力也能减少。

近来日本不少地方政府也提供了资金援助"二世代住宅"的计划，帮助那些打算购买，或把旧宅翻新成"二世代住宅"模式的居民。援助的范围主要着重于建设适合老年人居住的设施，如采用防滑地板，室内尽量不设台阶，在厕所设置扶手、装置易于操作的开关、把手，以及可以

计数自己的日子

随时通知邻居的急救按钮。

"二世代住宅"真是理想的居住模式吗？研究显示，住在此类住宅的老年人多认为，实际上年轻一代受惠较大。建造"二世代住宅"的费用不菲，年轻一代大都需要父母亲提供祖屋或土地，甚至积蓄的帮助。在清空了自己的资源后，有的老年人发现，这种居住方式并没有增进他们与孩子媳妇间的交流。年轻一代每天早出晚归，老夫妻少了清闲自在的生活，多了照顾孙子的负担。研究也显示，许多老年人同意同住一屋檐下，并不是因为他们认为这样做就会得到年轻一代的照顾，他们不过是希望住得近，日常生活中有说话的对象。当体弱时，老年人大多表示会选择申请医护保险的登门医护服务。

日本家庭对"二世代住宅"这种产品的需求，也反映出三世同堂的传统家庭形态的瓦解，以及已成为主流家庭模式的小家庭的不足。看来"二世代住宅"不太能让人回归到三代同堂的传统大家庭模式，不过如果能至少达到"三代同二堂"，能相对独立又能相互照应，共同营造温馨美满的大家庭气氛，这种新型大家庭的模式还是令人羡慕的。

2009年2月15日刊于《联合早报·学人视角》

健康人瑞

他们自称一生平凡,但他们坚毅的生命力,正默默地启发了周遭的人对生命的诠释。

　　母亲节的早上接到同事三佳的简讯:祖母去世,我正安排回东京奔丧。啊,她指的不就是她常提到的101岁的祖母吗?我们联络上后,她伤感地说:"虽然祖母都这大把年纪了,但是,她的逝世还是令我们觉得措手不及。"

　　据三佳说,她的祖母热爱生活,她90岁以后开始学书法,每天都勤读报纸,与时俱进。一年前因为行动不便而入住邻里的疗养院后,便开始学习编织,通过手指的灵活运作维持脑部的健康。她关心孩子和孙子的生活动向,喜爱与

计数自己的日子

人交谈。之前和长子一家同住时,她每天早上都得花很长时间梳洗化妆,打扮得体才出门到日间乐龄中心去。

这两个月,祖母因为呼吸不顺畅的关系而入院,虽然得长时间戴着氧气罩,她的精神状况一直都不差。那一个周末,亲戚们去探访她时,都觉得她气色挺好,大家与她握过手后就在病房里围着她聊着聊着,却不料她的心跳突然放缓,她当时正紧紧地握着长孙的手,不一会儿手力一松,她就安详地走了。

三佳的祖母100岁生日时的笑颜。
(丰田三佳提供)

三佳不舍地说:"没想到她就这么离开了,真后悔我没有多陪她,听她讲年轻时的经历。"

或许大家觉得措手不及的,不是她的突然辞世,而是得从中承认就算是一位颇健康又热爱生命的长者,也不可能突破生命的常规永远延年益寿。

目前日本人的平均寿命为男性79岁,女性86岁,女性活到90岁的概率有45%。如三佳的祖母那般有过百年岁的人瑞去年共有36 000多名,女性占了约86%。预计

莫忘我：人类学家的老龄社会观察笔记

40年后，日本的人瑞会达到70万人。

虽然我研究日本的老龄社会，但或许是因为重点一直都放在活跃乐龄的关系，所以极少机会碰见人瑞。犹记得我遇到的第一位人瑞，是多年前在冲绳做田野调查时一位老先生的母亲。冲绳是日本著名的长寿乡，当时那位70多岁的老先生邀请我去疗养院探访他的母亲时自豪地说，自己平时注重健康饮食，他肯定会比母亲长寿。可是，当我看着躺在床上萎缩得像婴儿般大的人瑞，瘦骨嶙峋，四肢无力，眼瞎耳聋，已经无法进食固体食物时，只感忧伤无奈，心想这肯定不是人们理想中的长寿生活。

实际上健康的长寿者越来越多。几年前于108岁时辞世的日本著名人瑞双胞胎金和银老太太，或许是人类史上最高龄的"工作人士"，因为她们在百岁以后仍旧上节目，拍广告当代言人。健康人瑞的特征包括饮食清淡，偏向素食，生活有规律，心态乐观开朗，健康状况一般良好，多数未罹患中风、心脏病、癌、糖尿病等疾病。

本地的500名人瑞中也有不少健康人瑞。其中人瑞中的名人——生于1897年的许哲就是一个杰出的例子。许哲是瑜伽高手，终身致力慈善工作。数年前在一个社区团体的开幕礼上有幸碰见她，她在台上受访时神情奕奕，谈话清晰有力，轻松幽默的对答更令会众深深感染到她对生命充满喜悦感恩。

计数自己的日子

然而,超级人瑞许哲毕竟是一个特殊人物,本地有更多的健康人瑞,或是住在老人院,或是住在家中,他们自称一生平凡,但他们坚毅的生命力,正默默地启发了周遭的人对生命的诠释。

好友的外婆张亚娶婆婆不知算不算是位典型的健康人瑞。

今年103岁的她与女儿一家同住,平日自理起居,重视外表整洁。她身体安好,虽然视觉与听觉较差一些,但不影响行动。她从不进补,也极少生病,偶尔感冒时就服些中药。外婆生活简单,鲜少出门,习惯每天喝一杯咖啡,偏爱吃青菜,也喜欢吃雪糕和榴莲。每回遇见她时她都露出灿烂的笑容,操着福建话说:"(活)够了,够了。"我想她至少这一点是相当典型的:在靠近生命的终点健康活着的时候,也随时预备着迎接下一刻的到来。

三佳祖母的下一刻,纵然令人措手不及,但是后来大家都认定那是令人欣慰的离去,因为她在无疾而终之前已和大家握手,告别。

2009年6月7日刊于《联合早报·学人视角》

计数自己的日子

当离别的时刻来临时,我们在哀悼之际,也应该为先我们离去的人所留给后人的智慧的分享而感恩。他们已在不知不觉中教导我们如何计数自己的日子,使我们的人生因为有他们的参与而变得更有意义。

最近重读了已故人类学者芭芭拉·梅尔荷夫博士(Babara Myerhoff)20世纪70年代末的著作《计数自己的日子》(Number Our Days)。这本堪称是老年人类学和犹太学领域里的经典,读起来似一本情节生动、引人入胜的小说,又似一本励志人生的作品。《纽约时报》的书评

计数自己的日子

家翁王汝缠是位典型的早期福建移民,在乡下与妻子育有两子后就单独过番讨生活,经济稳定后方把妻儿接过来,之后又生育了四名儿女。(作者提供)

精确地道出了这本书的特殊之处:"对人类的尊严和勇气有着不乏幽默又触动心灵深处的感人叙述……梅尔荷夫博士实属珍稀,她是用小说家的眼睛和耳朵写作的社会科学家……她比市面上任何指导人们如何面对人生的自助书籍更能教导我们'正确的生活之道'。"

整本书就是通过在一间犹太日间乐龄中心里所发生的人与事,来教导我们"正确的生活之道"。这间日间乐龄

莫忘我：人类学家的老龄社会观察笔记

中心坐落在美国加利福尼亚州靠海的一个没落的犹太社区里，它共有三百多名会员。这些犹太老人们都拥有相似的曲折背景，他们经历过童年时被贫困、被主流社群所边缘化的歧视和压迫，年少时在纳粹大屠杀降临之前与家人自东欧投奔美国。他们在新的国度成家立业，培养了接受新教育、在各个领域上大有成就的美国新生代。渐渐地，他们年老了，经历孩子的离巢后，又面对了与配偶的死别。中心的老人们一般独居，不常与孩子亲戚交往，因为体力和经济能力的局限，鲜少与外界交流。

这样一个日落景象，不难令人感觉颓丧、无助。可是梅尔荷夫博士通过中心里一群比较高龄又相对活跃的老人，让读者和她一起经历了这群犹太老人是如何通过他们一生熟悉的犹太文化与宗教来解释他们所面对的挑战，维护人生的尊严，肯定过往，丰富余生。

梅尔荷夫博士在乐龄中心的四年里经历了多次和她熟络了的老人们的离世。其中令我尤为感动的是95岁的杰克所选择的道别方式。杰克一向很有领导才华，他充满了生命力，是乐龄中心的中坚人物。快95岁时，他体力急速衰退，虽然已卧病在床，却执意备了氧气桶出席共有150位嘉宾为他庆生的寿宴。他献词时简短地道出他有一个愿望，就是希望在接下来的五年，不论他仍在世与否，大家都能够在这一天一起聚集为他庆生，并同他往年的生日一样，

计数自己的日子

用这个机会募集一些款项捐给以色列，直到他一百岁。

杰克在庆生会结束前就辞世了。在场的嘉宾哀伤但不惊撼，大家都仿佛认定这是坚强的杰克所刻意选择的道别方式。在逝世前，杰克坐在台下，聆听了他的儿子向众人发表杰克的生平和对杰克的尊敬，中心的负责人也表扬了杰克对民族的献身，对终身学习的热忱和对生命的执着。众人在杰克的庆生会上为他的离去而祷告，大家都感谢他生前的温情与智慧的分享。接着众人参加了他的葬礼，听拉比（犹太教里的老师）在仪式结束时引用诗篇祷告："求你教导我们怎样计数自己的日子，好使我们获得智慧的心。"

我想梅尔荷夫博士把书名定为《计数自己的日子》，是要通过犹太老人们对自身的文化与宗教的投入，让我们意识到人最终需要回到自己的根、自己的文化和笃信的宗教去寻获"正确的生活之道"。

写到这里，我不禁回忆起四年前因癌症90岁辞世的家翁王汝缠。他是位典型的早期福建移民，在穷乡僻壤的乡下仅念过两年书，20世纪30年代为了逃避贫困而过番讨生活。他在树胶园、木工厂、杂货行做过工，战后也当过小贩、建筑工人，后来与朋友共同创业成立了咖啡粉公司。他一生为家庭奔波，重视情谊，关心家乡，也积极参与社区的基层活动。家翁自幼丧父，他守寡的母亲后来也

莫忘我：人类学家的老龄社会观察笔记

在家乡逝世。他常提到母亲就哭，很遗憾未能尽儿子的本分供养她。他85岁时因体力不支而退休，不久决定笃信基督教后请亲戚朋友出席他的洗礼仪式。直到人生的末日，他依然清醒地为自己的人生做抉择。晚年的他依然坚持简单有规律的生活，每日读圣经，督促孙子，关注时事，也天天锻炼脚力，期望能减少依赖轮椅。临终前在加护病房里，他在昏迷前一刻看到我们的哀伤时，却报以微笑，平静地留下最后一句安慰的话："不要悲伤，你们要感到高兴。"没有人希望在病痛中辞别，他至少从中选择了乐观的道别方式。我想，他是要我们为他的长寿感到高兴。在我们的文化思维中，父母的长寿可以让孩子有机会尽孝道扶持他走完人生的道路，彼此不会留下遗憾。当离别的时刻来临，我们在哀悼之际，也应该为先我们离去的人留给后人智慧的分享而感恩。他们已在不知不觉中教导我们如何计数自己的日子，使我们的人生因为有他们的参与而变得更有意义。

2009年7月5日刊于《联合早报·学人视角》

美丽结局

> 在漫漫人生中,他们曾经年轻过,也曾对社会和家庭做出贡献,回首过往,他们今日也理应拥有令人释怀的'美丽结局'。

获知大姨丈的母亲洪婆婆逝世后,我前往吊丧,在慰问家属之际也问及洪婆婆的生平,表姐把我领到家中一面墙壁前,指着贴在壁上的一则关于洪婆婆的新闻剪报。原来记者此前从报上的讣告知悉洪婆婆已达百岁,所以特地前来采访过。报道提到洪婆婆是道南小学前校长洪长树的夫人,她本人在中国时也是一名教师,不过南下后就一直留在家中相夫教子。

莫忘我：人类学家的老龄社会观察笔记

关于洪婆婆年轻时为人师表的往事，我还是第一次知道。回想起我对洪婆婆的印象，的确是拥有和一般老人不同的气质。

出席亲友长辈的丧礼时，发觉有的时候在瞻仰遗容时方才与逝世的人初次见面，对逝者的生平为人，只能在丧礼中的追思会上大略了解一二。也发觉如果逝者年事已高，卧病在床多年，小辈对他们的印象大多就仅停留在"他是一位行动不便、需要他人照料的老人"。随着人们越来越长寿，这个刻板印象恐怕会越来越深刻。最近也觉察到当家属提及照料逝者的经验时，往往会不经意地对本地的医疗体系评估一番，或是感谢某医院或疗养院的医护人员，或是投诉专科医生费用的昂贵，甚至反映社区里照料长期病患设施的不足等，他们在哀伤之际所提及的切身体会，值得当局反思。

日本人在20世纪90年代初已经在为长寿和丧礼的问题伤脑筋，专门研究日本丧葬礼仪文化的人类学者铃木光发觉日本人的长寿影响了丧礼的仪式与意义。例如在日本传统的丧葬礼仪中，朋友与同事的告别献词是仪式中重要的一环，然而若高龄逝者周遭的朋友与同事都早已先他而去，那告别会就办不成了，因为没人可以在告别会上追忆与他过去的交往，并回忆赞颂他所做过的好事。反之，卧病多年后辞世的高龄逝者有时只给家属留下疲惫的身心和

计数自己的日子

逝者晚年虚弱的形象。铃木光提到一位照顾年迈多病的母亲30年、自己也已步入暮年的女儿,她在母亲的丧礼上说:"我痛恨母亲。"相比在丧礼中怀着沉痛的心情悼念逝者,不舍他的离去,精疲力尽的家属们却只能无奈地把它视为个人的解脱。

如何举办一个富有意义的丧礼、一个符合心意的告别会?点子多的日本人竟然想出"生前葬"的新颖丧礼,让未逝者还健在时亲自参与自己的丧礼。铃木光在一篇关于日本丧葬礼仪变迁的论文中介绍了两个"生前葬"的仪式。其中一个由女歌手水之江泷子于1992年在东京为自己举办的"生前葬",据说开创了"生前葬"这种丧礼概念的实践。这个广受媒体大众注目的"假"丧礼在形式上与传统的丧礼相似,如设灵堂烧香。不过在念经的环节上做了变动,省略了和尚念经,而是把佛经、西藏的诵经,以及在欧美的丧礼上较常播放的西洋古典乐曲等剪辑为自成一格的诵经音乐,当音乐播放时,未逝者的朋友同事就鱼贯上台在未逝者面前发表告别献词。来到最后一首歌曲时,音乐顿转为轻快的圣诞歌曲,参会者随之轻松拍掌而整个丧礼随即转变气氛,成为一个欢愉的庆祝会。

这个据说是首创的、1992年的"生前葬",历史记载上却有先例。根据江户时代松浦静山的随笔集《甲子夜话》记载,熊本有一家臣决定委托寺庙为他主办"生前葬",

莫忘我：人类学家的老龄社会观察笔记

葬礼犹如实况，除了设灵堂烧香摆花，还请了和尚念经。未逝者更是白装入棺，直到入葬前才从棺木中出来。

这么戏假的丧礼固然让人感觉荒谬，但是对决定筹办"生前葬"的日本人而言，它的意义在于能够亲自策划并目睹自己所希望的"美丽结局"。水之江泷子这么解释举办"生前葬"的原因："我要趁着自己还在世，对挚亲的人表达我对他们的谢意。"另一个重要的原因应该是希望能够亲耳聆听朋友与同事在告别会上追忆彼此的情谊和对自己的惦念与评赞，试图为自己的人生画一个圆满的句号吧。

近年来已陆续有社会名人举办过自己的"生前葬"，有的更借此方式宣布从此退离社会活动，过隐居生活。虽然这种形式的丧礼纯属另类，有不少日本的殡葬业者已抓紧生意商机，把"生前葬"列为丧礼形式选项中的一个选择。随着日本人的长寿和出生人数的下降，相信将来更多父母会为了减轻孩子昂贵丧礼的包袱，而决定在有生之年为自己举办"生前葬"。但"生前葬"受欢迎的同时也突显了长寿者的困境，倘若长年失去健康，在老去的岁月中更逐渐遗失与他一起走过年少的友人，那出席告别会的人们该如何跨越对逝者存有的晚年虚弱的印象，去缅怀他年少气盛的过往呢？

我很难想象也不建议"生前葬"的形式在本地社会被接纳，但它提醒我们下次出席高龄长辈的丧礼时，不要仅

计数自己的日子

记得他们晚年的虚弱,他们的一生不只是那人生最终的"老人"定位,在漫漫人生中,他们曾经年轻过,也曾对社会和家庭做出贡献,回首过往,他们当下也理应拥有令人释怀的"美丽结局"。

2009 年 11 月 2 日刊于《联合早报·学人视角》

金色年华

这类高档养老机构能够吸引中高收入的老年人入住，不仅显示中国经济的提升、人们对高品质退休生活的需求，也折射出中国的家庭结构因为少子老龄化的趋势所产生的变化和困境。

2011年春天在东京一个老年人口会议上，与"金色年华"初次邂逅。

从创办人徐爱光的简介中知道，这个2008年7月开始运营的退休村不是一般的老年公寓，而是经过精心打造的高档理想退休居所。计划最终将容纳3000名住户，占地逾250亩，坐落于杭州午潮山国家森林公园南面的金色

计数自己的日子

在金色年华的茶园摘茶叶的住户。（作者摄）

年华，会带给退休人士什么特别的体验？

　　2010年春天有幸造访金色年华。我们一群外地访客在暮色中抵达园区，感觉像来到度假胜地。园区里环境幽雅，绿意盎然，一栋栋橙瓦米色的西班牙风格低层公寓分为居家服务式公寓、护理式公寓，还有我们下榻的酒店式度假公寓。这栋三层楼高的度假酒店有56间客房，可供住户的亲友探访时短住，也适合让"候鸟型"或前往度假的退休人士短期居住，参与园区内的活动。除了国内各地的退

莫忘我：人类学家的老龄社会观察笔记

休人士，据悉也有德国和日本的华侨退休人士曾逗留度假，接下来会有台湾的退休人士前来，园区内的住户几乎不用出远门就能够体验国际交流。

当晚，我们在园区内的餐厅享用丰富的晚餐后，到位于"国际交流中心"的礼堂出席联欢会，观赏住户们载歌载舞的表演。入住金色年华者以女性达50岁，男性达60岁的国家法定退休年龄为准，表演者中有不少像是刚退休的女性，歌咏队中也有拄着拐杖高歌的年长女性，不畏行动不便而继续自己能力所及的爱好，这种精神着实让人佩服。

晚会结束后，我与几位住户略聊一会儿，并从负责运作的汤副总经理那里了解到更多有关金色年华的情况。

运营近两年间，金色年华有400名平均年龄为72岁的住户，除了有60多位是每月付费的护理式公寓住户外，其他是一次性投入40万至80万元人民币而拥有50年使用权的居家服务式公寓住户。每户每月也支付350至630元人民币的服务费。园区内有超市，可以自煮三餐，也可选择到餐厅付费用餐。医疗方面，金色年华与大医院合作，在园区开设门诊，住户可用医保卡支付医疗费。

第一期373户一房一厅或两房一厅的居家服务式公寓已售出95%，目前的入住率达75%，夫妻占多数，其中还有一家是两代人，年迈父母与50多岁的退休女儿各住一

计数自己的日子

套公寓，父母有孩子常伴左右，令其他住户羡慕不已。随着入住者越来越多，金色年华的兴趣小组、老年大学和各项健身娱乐也越来越多样化，值得一提的是，这些活动大多由住户毛遂自荐，义务教授。

金色年华的住户每个月平均领取3000至4000元人民币的退休金。这类高档养老机构能够吸引中高收入的老年人入住，不仅显示中国经济的提升、人们对高品质退休生活的需求，也带出中国的家庭结构因为少子老龄化的趋势所产生的变化和困境。如今，步入退休阶段的人群大多仅有独生子女，就算有孝心的子女成家后愿意承担，小两口要照顾四位或更多长辈的老年生活也委实不易。金色年华住户中有三分之一的子女都在国外，在日常生活中称他们为叔叔阿姨的员工反而更像是自己的孩子，随陪伴左右。

第二天一早，我在空气清新的园林中散步，遇到了三三两两在打太极、做运动或在茶园摘茶叶的住户。在返回酒店的路上，望着一路上悬挂灯柱两旁的鲜明标语："舒适养生居所，美妙退休生活""为世上父母解忧，替天下子女尽孝"，蓦然觉得"孝"在这里是否有了新的定义和方向？金色年华员工的培训更把"孝"立为"三心服务"中的一心，除了爱心和用心服务，也教育员工以晚辈孝顺长辈的心意去体现孝心服务。虽然一时间不免质疑这是不是把孝心商业化了，可是想想我们雇用他人来服侍家中的

莫忘我：人类学家的老龄社会观察笔记

老年人时，不也是在让他人来帮忙尽孝？

近来兴建退休村的话题在本地又沸腾起来，金色年华的建筑设计、运营理念与民营企业的模式都是可供业者参考的对象。随着老龄社会的来临，退休村的存在将无可厚非，它无疑为人们多提供了一种养老生活方式的选择。然而，我更期盼的是一个富有包容心的老龄社会，处处为老年人的需要而设想的城市规划，和让老少同时在舒适与融洽的环境中共享的人生。

2010年5月16日刊于《联合早报·学人视角》

亲孝行

> 现实的严峻一时间会令人沮丧,但对尽孝的无奈不也体现了大多数子女期望能孝敬父母的心意吗?

日前在东京的书局浏览刚上架的新书刊时,目光被一本题为《在父母死前要做的55件事》的书所吸引。书名显然沿用了近年来不少关于"死前要做"的系列,如《死前要去的1000个地方》《死前非看不可的1001部电影》等畅销书的主意。但在父母健在时提死,即便深知人避不了死的自然定律,至少在东方文化中是个忌讳。若把这本书译成中文,书名会把颇具震撼力的"死前"改为"有生

莫忘我：人类学家的老龄社会观察笔记

之年"吧。

　　这本书由"亲孝行执行委员会"编著，日文的亲孝行指的是尽孝道，在日常生活中，日本人会说"我在亲孝行"来表示以心意、行动孝敬父母。"亲孝行执行委员会"可不是官方机构。编者解释决定出版此书，只是因为听过太多人在父母离世后才后悔当初没有拨出时间好好地亲孝行，所以要借"总有一天会与父母死别"的现实，来唤醒忙碌的人们正视争取时间，多与父母共处，表达孝心。

　　再者，为什么是55件事，而不是50或100件事呢？在日本，和父母分开住是惯常模式，离家的孩子一般会在正月过年和八月盂兰盆节的长假回家乡。据编者的计算，若一年里有6天回老家，在这期间一天见父母11个小时，假设父母现在是60岁，能够活到80岁的话，那么20年就会有总共55天的共处时间。所以这本书集合了55名18岁至45岁的孩子对体现亲孝行的建议和感人肺腑的反思，建议包括常常打电话回家、与父母一起逛街、为父母按摩、一起出外用餐、出国旅游、去音乐会、拍合家照、庆祝父母的生日和结婚纪念日、一起过年等等。这些建议对住在小岛国和父母距离得近的孩子而言不算难事，但对不住在同个县市的日本人可非易事，结果大家最常做的亲孝行是打电话问安。书中除了"一起做什么"的建议外，还有"一起谈什么"的建议，如听父母谈他们的初恋、年少时的理

计数自己的日子

想与苦恼、爱情观、对自己出世时的回忆等,强调促进与父母的交流和感情。

日本的商家脑筋转得快,市面上不难发现亲孝行的商业化倾向。有旅行社推出"亲孝行旅行",更有清洁公司推出"亲孝行配套",代替孩子为父母做家务。另有一家建筑企业索性把专门经营住宅改装的生意命名为"亲孝行装修",鼓励孩子帮忙改善独居父母的家居安全,如在浴室装置手把、换防滑地板和减少台阶差等。同时日本民间商企服务社会,自发促进亲孝行的例子也不少,"亲孝行装修"公司就和社区里的非营利福利机构紧密合作,更全方位地为居家养老的父母提供看护咨询和援助。2009年,自创歌手松本隆博发起了"贡献社会的娱乐",他首先发动了"让社会更明亮"的"松本隆博方案",第一个计划是"亲孝行方案",通过网站筹集意见提出了"不花钱的亲孝行"等建议,接着发布"亲孝行三部作"的歌曲精选集,以轻松又不失感人的形式唱出妈妈所教导的做人原则和亲孝行的表达方式。

第二次世界大战过后,亲孝行这个传统价值观随着日本社会的变迁已逐渐转型。虽然尽孩子的义务照顾年迈体弱的父母是公认的行孝,但更多人,包括父母本身,已不期待孩子的奉养和侍候。渐渐地,亲孝行也就更着眼于精神上的扶持和情感上的沟通。能够在父母体弱时悉心照料

莫忘我：人类学家的老龄社会观察笔记

固然最好，有了收入能够给父母买礼物当然开心，但当问及孩子应该如何亲孝行时，父母认为孩子身心健康，生活幸福，不让父母操心，那才是天下父母最大的安慰。

新加坡全国家庭理事会最近推出宣传孝道的短片，预播短片在雅虎博客首播早上就引来热烈议论。不少网民深深被短片所感动，借此忆起自己对父母和祖父母的情怀，但也有不少人把讨论延伸到对政府和制度的不满，申诉房价太高、医药费太昂贵、生活节奏太快太急、大家庸庸碌碌地埋头苦干，忙得连孩子都不敢生，哪有能力照顾父母？

现实的严峻一时间会令人沮丧，但对尽孝的无奈不也体现了大多数子女期望能孝敬父母的心意吗？《在父母死前要做的55件事》一书还有"亲孝行三部作"的歌，还有宣传孝道的短片，都在催发感动，感动过后我们能有什么行动？

2010年7月11日刊于《联合早报·学人视角》

看护看护者

我们需要的不只是看护病患的看护者,每个看护者也需要有在旁看守着她、时时关心她的人。

一个下午,在闹市熙熙攘攘的购物商场里,我好不容易在一个小咖啡座找到一个靠落地窗的位子。还没买好咖啡呢,就被换去和别人拼桌,把位子让给一对刚进来的客人。

她们应该是母女吧!中年女儿携扶身材瘦削的年迈母亲坐了下来,给母亲买好咖啡,安顿好后就自个儿去购物了。留在座位上的母亲,戴着顶白帽子,身着高雅的中国领碎花短袖衫,颇似东洋旅客。她毫无表情地端坐着,与身后落地窗外 Forever 21 橱窗里两位穿着 T 衫热裤的青春

莫忘我：人类学家的老龄社会观察笔记

模特儿相映成趣。她是本地人吗？几岁了？有什么人生经历？我按捺不住好奇心，索性坐到她面前，尝试与她搭讪。

"你好吗？"我亲切地问。她没回答，只是温和地微笑着，接着张开十只手指，指着左手的无名指，比了个"没有"的手势，轻轻地拍着胸口，露出悲伤的表情，就这样反复地比着，很努力地想表达一些什么。

这时她女儿购物回来了，热情地谢谢我让位，看我一头雾水，就解释道："我妈妈已经90多岁，她育有十个孩子，我是老幺。我的哥哥年轻时在工地跌伤去世，妈妈一直很怀念他，不能讲话的她，经常对别人比画地描述这件事。"

接着，她告诉我她们是新加坡人，已住在英国好几年，因为她正在那里深造，所以把妈妈带在身边。其他孩子呢？"妈妈很想念他们，要回来见见他们，可是吃了闭门羹。"

真是家家有本难念的经。

"在英国时，我天天下厨为她准备有营养的饮食，妈妈的身体比住在这里时好多了。"

"你真孝顺！"我不禁由衷地说。

"百善孝为先，妈妈还能有多少日子受到呵护呢？"她握着母亲的手轻轻地说。

我衷心祝福她们。难为她了，身为母亲的唯一看护者，相依在外，就算母亲身子无恙，也总不免有令人忧心的时刻。能够携着快届百岁的母亲一起出游真是子女的福气，

计数自己的日子

她不属于照顾老年病患的看护者,周遭却不难碰到需要全时间看护老年父母的家庭看护者。

关于看护老年人的研究一致显示,看护老年人的家庭看护者通常是配偶或子女,他们经常得承受身心和经济的压力,而这对健康、情绪和行为的负面影响,委实不容忽视。而照顾需要密集看护,如患有失智症或脑中风的看护者,更容易因为长时间的看护而不知不觉与社会隔离,甚至患上忧郁症。

2009年4月,一位为了能全力看护患有失智症的母亲、在三年前退出演艺圈的日本前艺人清水由贵子被发现在父亲坟墓前自杀身亡,坐在轮椅上的母亲则在一旁奄奄一息。几个月后,她的妹妹清水良子出版了一本关于姐姐的书,妹妹悔恨当初忽略了因为照顾母亲而患上忧郁症的姐姐,方才酿成这个悲剧,更提醒人们:我们需要的不只是看护病患的看护者,每个看护者也需要有在旁看守着她、时时关心她的人。

不过,有时要找一位看护者的看守者可能比找一位看护者更困难。

除了配偶以外,老年父母的看护者通常是孩子,而孩子当中的未婚者,尤其是女儿成为看护者的情况相当普遍。无论是单身或已成家的看护者,往往会觉察到虽然其他兄弟姐妹或许在初期会比较积极地帮忙,待日子久

莫忘我：人类学家的老龄社会观察笔记

了，却会不自觉地因为各忙各的生活而减少，甚至停止援助。渐渐地，那个愿意照顾父母的主要看护者成了家中唯一看护者，她的生活范围因为看护的重担而缩小，甚至被社会孤立。有的看护者还得同时，或接二连三看护父母和公婆，承受更多的负担。如果家中老年人患有失智症，压力更非常人所能理解，看护者有可能会因为病患者不但不感激和合作，却常有不满的申诉和怨恨的言语伤害而容易堕入抑郁的深渊。

看护老年病患者的经历和压力，并非偶尔的登门探访就可以了解和体会，虽然难以切身体会，但希望大家可以扮演一下看守者的角色，关注家中看护者的健康和需要，注意她的情绪转变，给予实际支持，比如短时间帮忙看顾，鼓励她参与社交生活，环视社区里是否有可以减轻她负担的一些服务等。有了家人和社区的关怀，看护者就能更有信心和爱心地为家中需要看护的老年人提供更好的照顾。

2010年9月5日刊于《联合早报·学人视角》

莫 忘 我

她礼貌地握着我的手说:'请你再来看我。'失智症患者的记忆丧失时好时坏,也许下一次再见时,她会记起我?

月初要到夏威夷出席美国亚洲研究协会的年会时,心情是兴奋的。除了能与久违了的各方同事共聚之外,我也期望能趁机再次拜会家在檀香山,但已失去联系的 Takie Lebra 教授。

Takie 和我的博士导师 David Plath 在研究日本社会文化人类学领域中,同属第二次世界大战后第一代著名学者,他们的著书量不多,但是差不多每一本都是这个领域的必

莫忘我：人类学家的老龄社会观察笔记

修书。日本籍的 Takie 向来以对日本社会和日本人行为的入微研究而闻名，20世纪90年代出版《在云端之上》这本深入探讨战后日本贵族社会的著作而备受瞩目。David 则因早期对日本老龄化课题密切关注而知名，80年代曾出版一本关于日本人生命历程的精彩佳作，深获好评，日文版书名被译为《日本人的生存方式》。近几载他逐渐把心思投入喜爱的学术影片拍摄上，我毕业后也因此与他共同制作过两部描述日本人社会精神的影片。

美国的学府对获终身受聘的教授大多不设强制退休年龄，但是一般多自愿在65至70岁左右退休。有人退休后果真退到乡间自得其乐，但仍以名誉教授的身份继续活跃于学术领域，偶尔客座授课，或是参与研究项目的例子比比皆是。David 认为退休让他能够更专注于制作学术影片，而 Takie 从夏威夷大学退任后，曾担任多所大学的客座教授。那个时期，

1999年，Takie Lebra 教授受邀为国大客座教授，讲授日本当代社会文化。（作者提供）

计数自己的日子

我与 Takie 的联系比较密切，也曾到过她在檀香山的住所。那已是快十年前的事了，当时她已全然退休，在那偌大的公寓里，兴致勃勃地说着正开始学习瑜伽，快乐享受退休生活，没多久就失去了联系。这几年，我陆续听到她的消息，知道她有失智症症状，因为担忧独居不安全所以决定搬去住退休公寓，到了檀香山又听说她最近状况不如前，已从自立型换到陪助型公寓。

去拜访她的前一晚，我在一位夏威夷大学教授的家庭聚会上喜遇 Keith Brown 教授。与 David 和 Takie 同一代的 Keith 以研究日本乡村生活闻名，他与日本东北部岩手县一个农村长达半个世纪的浓厚情结最近被 David 拍摄成影片，所以我对他特别有亲切感。Keith 说他来聚会前特地去了公寓想把 Takie 接来，可她执意不肯，"她气色不错，还记得我，不过对很多事物都似乎印象模糊。还好她没来，否则人太多，她若要尝试去回忆的话就只会令她的意识更混淆"。

不知道 Takie 还记得我吗？我心里暗忖。

隔天早上，终于来到 Takie 的家。从当地朋友口中知悉这所退休公寓综合了自立、陪助和护理型的养老设施，是夏威夷口碑最好的退休场所之一，Takie 的陪助型公寓宽敞明亮，每天有护理人员多次过来问安，关照起居，公寓里也有多样化的康乐活动供乐龄人士自由参与。Takie

莫忘我：人类学家的老龄社会观察笔记

坐在活动室里，和其他住客一起运动。护理人员让我坐在她后面与她谈话。

"Takie，你好，记得我吗？我是玲玲，住在新加坡的玲玲！"我把脸对着她，觉得她的确脸色红润，气色不错。

她定睛看了看我，却缓缓地摇了摇头："我不记得了。"

我顿时一愣，接着问："你记得 David Plath 吗？我是他的学生呀。"

她想了想："这个名字倒有点儿熟悉。"然后又挥起手继续运动。

那个早上，我陪她做运动，玩常识游戏和唱歌。中间聊了几下，她说她记得日语，可对日本已印象模糊。少了我们之间的共同记忆，我们仅能像刚认识的两个陌生人随意聊着。待午餐时刻我得离开时，她礼貌地握着我的手说："请你再来看我。"失智症患者的记忆丧失时好时坏，也许下一次再见时，她会记起我？

别了 Takie 乘电梯下楼，旁边的老太太友善地和我打招呼，"你是来探访母亲吗？"她问。我眼眶一湿，只能摇摇头，答不出话来。

当晚我立即给 David 发了电子邮件，描述探访 Takie 的经过，信末真挚地写上"想念您"。

两个星期后，我方收到他的回邮。David 如往常般幽默，一开头就说抱歉，他无法游到威基基海滩见我，接着列了

计数自己的日子

一系列正在忙着的项目，包括与 Keith 的影片的新动向，但是只字未提 Takie。最后一段，他说："在你离开夏威夷时，正逢大学人类学系颁奖晚宴。我这次受邀出席，因为有一位捐了不少款项的毕业生也会出席。这位毕业生声称，40 年前上了我的课，改变了他的一生。我当然不记得他，或曾在他的班上说过什么。我婉拒了邀请，说自己刚步入八旬，还在学习胜任这个新岗位，而这个新岗位有这么一个特点，那就是'会不时有健忘的时候'。"

最后，他加上一句："你知道我是不会忘记你的。"

我又眼眶一湿……

2011 年 4 月 24 日刊于《联合早报·学人视角》
原刊名《请别忘记我》

家　　享

> 处于住宿与看护的交换,以及模拟两代或隔代家庭同住的重叠关系,总不免会有不同代际观点的落差,需要理解和接纳彼此的努力。

初夏,英国牛津的天气却还不时处在萧瑟的寒意中,偶有半天的夏意,即刻就有除草机划过周遭草坪的声音与轻快的鸟鸣声交荡。我们住在离牛津市中心不到两公里的沃弗胜学院,从地图上看来,它应该是牛津大学 38 个学院中离游客络绎不绝的市中心最远的学院。沃弗胜学院坐落于彻沃河畔宁静的住宅街上,我每天穿过两侧优雅的花园洋房,从住所步行十分钟到研究室,路上除了欣赏花开

计数自己的日子

景致、精致草坪外，也常思忖：偌大的房子到底住了什么人？这里有不少风格古雅的老屋子，似乎住着不少已上了年纪的独居人士或夫妻。

在英国，一般孩子成年后就离家自立，让父母独享"老家"。待成了寡妇（通常是父亲先逝）的母亲真的需要日常照料时，再与孩子商讨是不是应该请一位钟点／全职入住老家的家庭护理人员，或是安排老人家迁入疗养机构。由于英国的福利政策越来越倾向鼓励老年人居家养老，加上能在熟悉的环境中安度晚年，对个人自由和自尊总归有益处，一般人自然优先考虑是否能够通过各种援助以继续安住老家。然而这也得视情况而定，如果屋子空间狭小，梯阶太多，不适合轮椅，要改造装修又太昂贵困难；或是已无能力照顾花园；又或是房子已太老旧，那最终还是得选择有全时间看护以及环境安全的养护机构。

除了聘请专业的家庭护理人员或入住养护机构之外，有少部分的老年人仍由亲人照顾。在理应让政府看顾的福利制度下，亲人、朋友或邻居的看护都被统称为无酬劳看护者，配偶是其中较普遍的看护者。我最近出席一个失智症患者看护者的互援小组，参加者多在60岁以上，看护丈夫或太太、母亲或其他亲人。席间有来自刚成立的牛津区域看护者支援机构的人员，介绍了各类援助看护者的福利计划，也有一位律师前来讲解有关法律知识。这一周刚

莫忘我：人类学家的老龄社会观察笔记

好拟定为看护者之周，在英国政府大幅削减老年人福利的时候，无酬劳看护者将成为更重要的看护资源，况且他们不但能鼓励居家养老，还能帮政府节约开支。

据估计，无酬劳看护者每年为英国政府节省了 1190 亿英镑（约 2370 亿新元），Carers UK 网上的"看护者计算机"显示，一名看护者若每天无酬劳付出 10 个小时，总数将等于一年 65 700 英镑的价值。然而，年长看护者本身也有健康和体力的担忧，还在职场且分开住的孩子，则大多只能扮演协调安排居家护理的角色，绝少能参与长期看护。

另外，居家老年人与年轻人的"家享"（Homeshare）是逐渐取得社会服务部门认可的一种社区看护方式。在欧洲一些国家，"家享计划"起源于为了解决大学生的住宿短缺问题。参与计划的老年人家中有多余的房间，与其以经济考量把房间出租，他们选择提供年轻人住宿来换取日常生活中必要时的帮助，对独居老年人来说，有人共居，更能安心。这项计划一旦顺利实施，除了解决年轻人的住宿和老年人的独居问题，也能增进代际交流和理解，可谓"多赢计划"。

我遇过一位曾参与"家享"计划的年轻人，小董是来自香港的博士生，选择参与"家享"，主要是想在住宿上省钱，而且与他配对的家庭处于牛津的好地点，屋子宽敞，

计数自己的日子

有令人神怡的漂亮英国式花园。他的家庭有一对老年夫妇,老先生曾经中风,三个孩子都住在其他城市,欢迎有个年轻人能陪伴父母。那一年,小董只须与"家享"家庭分担水电费,热心的"新家庭"甚至天天提供他早晚餐。他就像一位住在家中的孩子,平常帮忙做一些家务,陪他们去超市购物,也与来访的家人和朋友一起用餐,谈笑风生。一回,老先生不慎跌倒,幸好有小董在场扶持帮忙。虽然享受有人互相照应的日子,小董一年后还是决定离开计划,"我发觉老年人和年轻人的时间观念太不同,比如他们期待我一定要每天七点以前回家吃晚饭,但我有时得赶作业,也有自己的社交活动,觉得很为难"。

虽然有报道显示"家享"计划甚至能帮助改善体弱或患有失智症老年人的日常家居生活,不过,处于住宿与看护的交换,以及模拟两代或隔代家庭同住的重叠关系,总不免会有不同代际观点的落差,需要理解和接纳彼此的努力。

我发觉我住的地方,最常看到老年人独自遛狗,看来宠物有可能是与老年人"家享"最多的忠心伙伴。

2011年6月19日刊于《联合早报·学人视角》

牵　　手

> 与自己所关爱的人牵手，那温暖的掌心要传达的，除了温馨的爱意，还有力量、安全感和肯定。

朋友发来一个视频，是由苏芮演唱的歌曲《牵手》所编成的体操舞。两臂舒展挥动，脚步随着音乐悠然起舞，是颇适合年长者的健身运动。尤记得去年参观上海市老人活动中心时，那里的合唱班也很认真地练习着《牵手》体操舞，可见《牵手》这首中国热门歌曲，深受当地年长者的喜爱。

20世纪90年代的流行歌曲中虽然不乏与牵手有关的，然而苏芮的《牵手》最能让年长者产生共鸣。这首歌不仅

计数自己的日子

父母2014年庆祝金婚。随着平均寿命的提高,可以预计,庆祝金婚甚至钻石婚的夫妻将会越来越普遍。(作者提供)

词里描述着两人一路走来的沧桑和彼此的执着,有扣人心弦之处,伴随歌曲的卡拉OK影像更有不少是白发老年人孤独回眸,以及老年夫妇携手共处的画面,令人唏嘘,岁月荏苒之际,也涌现了一份窝心的感动。

福建话说恋人是"牵手",老人家问年轻人:"有牵手吗?"指的是有无恋爱对象,很形象化地把那份相爱的甜蜜融入一对小情侣的十指紧扣中。然而牵手也不单单是年轻恋人的专利,近年来,无论是在东京、台北、香港或新

莫忘我:人类学家的老龄社会观察笔记

加坡,我都发觉老年夫妇携手在街上漫步的景象明显增加。

这些大城市都有着相似的老年人口居住结构转变趋势,虽然三代同堂曾是惯例,如今却有越来越多人表示愿意独居或仅与伴侣同居。即便男性的平均寿命比女性短,但随着生活习惯的改良和医学及公共卫生的进步,男性的平均寿命并不见得比女性延长得慢,可以预计,庆祝金婚甚至钻石婚的夫妻将会越来越多,除了六七十岁的夫妇,八九十岁的老年夫妇相依同居的现象也将会更普遍。

暮年中的两人世界,或许会因为关节炎等问题,已不能如同年少情侣般以十指紧扣的方式牵着手,但是历经风雨的老年夫妇更知道相顾相携的可贵。同样以手挽手来感受幸福甜蜜,小情侣担忧的是爱情会不会长久,真的可以握着对方的手义无反顾地走一生吗?互握着皱纹满手的老夫妇已过了担心会不会嫁/娶错人的阶段,就如《牵手》的歌词般:"所以安心地牵你的手,不去想该不该回头。"他们的不安却是来自这有伴的路途还剩下多少年月,在终归要面临的人生尽头跟前,更学会珍惜彼此,相濡以沫,在相互扶持中深深体会最初对婚姻的承诺。

与牵手有关的歌词也有少数指的是小辈牵着长辈的手,如周杰伦的《听妈妈的话》中就有一句"有空就握她的手,把手牵着一起梦游"。许多相携入暮的老年夫妇发觉步入空巢期后虽然与配偶牵手的机会增多,与孩子牵手

计数自己的日子

的时刻却变得很少,当年紧紧握在掌心里的小手如今有了自己的天空,走远了。

与自己所关爱的人牵手,那温暖的掌心要传达的,除了温馨的爱意,还有力量、安全感和肯定。月前出席了一位老年病理专科医生以"认识老年人"为主题的讲座,谈到对失智症患者的治疗和照料时,他提了几个孩子与配偶如何在家照顾他们的父母或丈夫、妻子的实际例子,一再强调伸出手去握着、去拥抱患者,以触觉去表达和联系情感的重要性,席间播放了一个以"人类触觉的神奇魔力"为主题的感人录像。

纪录片里,与老先生长相厮守的妻子患有严重失智症,不得不一个人住进疗养院。患病的她性情转变,难以沟通,她经常情绪沮丧,也易激动发怒,令医护人员不知所措。每天来探望爱妻的老先生目睹了眼前的困难,毅然爬上妻子的病床与她共枕,他亲她、拥抱她,把她的手温和地握在自己的手掌心,亲昵地对她耳语,肯定地说爱她。深爱着妻子的老先生就这样每天用好几个小时与妻子在病床上互相依偎,几个月后,医护人员惊喜地发现老太太的病情有了改善,果真不可轻看牵手和拥抱的神奇作用。

中秋节将至,朋友转寄来中秋节祝贺电子邮件,是一份长达30张画面的文件,当中搭配了中秋词句的画面,每张都了无新意地一概呈现了一位嫦娥装扮、绰约多姿的

莫忘我：人类学家的老龄社会观察笔记

美人，只有一张与众不同：那张画面的月亮特别大，上面写着"但愿人长久，千里共婵娟"，看着月亮的人物却特别小，是一对相偎依的老人家。

画面中是苏轼的《水调歌头》诗词，前一句是"人有悲欢离合，月有阴晴圆缺，此事古难全"。在人类寿命延长的今日，两老牵手共赏月的机会无疑比古时多了，但愿天下所有夫妻，执子之手，与子偕老。

2011 年 9 月 11 日刊于《联合早报·学人视角》

2030

> 这一份人口白皮书呈现了一个不争事实,同'侯永昌报告书'相比,2030年着实已离我们不远。

20世纪80年代中期,祖父住进疗养院接受护理照料,我在频繁出入疗养院的探访中,开始意识到老年问题的存在。

1984年,新加坡总人口273万,老年人口(65岁及以上)占总人口约5%,当时的生育率已降至1.62。那一年,新加坡首次发表关于老年人口的报告书,这份老人问题委员会报告书也俗称"侯永昌报告书"。报告强调若低生育率依旧不变,到了2030年,新加坡的老年人口将增至人口

莫忘我：人类学家的老龄社会观察笔记

到了2030年，将有比现在多出2.5倍的年长者，届时独居的年长者预料将增加近三成。（洪耀光摄）

的18.9%，人口老化问题的严重性不容忽视。

2030这个年份，继续在接下来关于老龄化人口的课题中，扮演着既遥远又有些抽象，并随着每一份新报告书的出炉，而不得不让人重新关注、思考及面对的关键年份。

到2030年，于1947年到1964年出生的战后婴儿潮一代，将全面步入65岁——这个在人口统计上被设定为"老龄"的大关。即便多项关于这代人的调查一再重申，我们将迎来较有经济能力、较高教育水平、对老龄化抱持乐观态度的新一代战后婴儿潮一代的长者。但是，正如前社会发展、青年及体育

计数自己的日子

部于2009年发布的首个婴儿潮一代的调查报告书所指出，这一代人本身就是一个有长达17年这么大年龄差距的多元化一代。

除了较显著的婴儿潮前期（定义为1947年至1954年）和后期（1955年至1964年）出生者之间的差距外，也存在着性别、单身或已婚、收入，甚至是华校或英校背景等诸多的差异。新一代长者的出现，以及他们之间蕴含的多元性，提示今后的老龄化政策制定和设施建设，必须随之扩大现有选择，以及更多采纳新思维。

2030年，正是近来引发各方热议的新加坡人口白皮书的触点。政府人口白皮书首次全面提出未来人口政策要达到的主要目标是计划通过具前瞻性的规划，以配合解决人口老化问题所带来的挑战，希望当2030年到来时，国家已成功突破人口迅速老化的困境，展现出朝气蓬勃的美好前景。然而，对广大民众而言，白皮书中的"到了2030年，新加坡总人口可能达到650万至690万之间"这句话，却浇灭了大家对美好未来的憧憬。这几周出现的激烈辩论和高涨的反对情绪，更折射出在"解决人口老化问题"的大前提上，这份人口白皮书应先正视民间呼声，加快解决民生问题。

其实在我看来，这一份人口白皮书呈现了一个不争事实，同"侯永昌报告书"相比，2030年着实已离我们

莫忘我：人类学家的老龄社会观察笔记

不远。

自去年起，婴儿潮一代开始加入乐龄的队伍，而新加坡也踏上人口急速老化的快车。到了 2030 年，将有比现在多出 2.5 倍的年长者由于行动不便而需要他人的照顾，届时独居的年长者预料将增加近三成，老年护理和相关领域的人力及财力需求，预料将会进一步扩大。

为此，扩展提供各项老年护理、医疗设施和服务，以及确保人民享有负担得起且高素质的服务，都是国家的当务之急。所幸政府已扩大帮助年长者，尤其是为贫困年长者提供了更好的援助措施，期望接下来的 3M 医疗保健制度和乐龄健保计划的改革，能够进一步减轻人民的负担。

除了完善护理和医疗制度，新一代长者也期盼无论在工作、娱乐、学习，以及住房等方面，社会都能提供更广泛、更包容，以及更灵活的选择。比如，在工作环境中推出帮助年长员工提高工作效率的设备、制定灵活工作时间制，以及鼓励大学、工艺学院等教育学府开发出能让老少交流并能互相学习的平台。

此外，也应争取实现建设理想的退休村，或推动以自己的方式和特长且具创意的义工活动，这些都必须有适宜的政策加以推动和配合。

最后，2030 年对我及未来新一代年长者，也是一个关切的提醒：我们是否已为老年生活做好准备、是否经常运

计数自己的日子

动、是否有足够医疗保险计划、是否开始为将来退休而储蓄、是否与家人和朋友建立了互相扶持的深厚情谊、是否开始策划要过怎么样的第二个人生,以及是否准备进行哪些新的尝试?

光阴似箭,2030年,其实对国家或对个人,都已近了。

2013年3月3日刊于《联合早报·学人视角》

隔洋看护

> 能够有孩子在侧照料，居家安心安老固然是一般人理想的老年生活模式，但是在少子化、全球化的大社会趋势当下，这种曾经被视为必然的安老模式恐怕只能停留在理想的阶段。

同我在澳大利亚共同研究项目的伙伴顺子，近来发来电子邮件，告知她回日本照顾九旬高龄母亲的近况。

早年移居西澳的顺子与澳大利亚籍丈夫离异多年后，决定搬离郊区的大屋子，毅然在退休之际买下一套位于珀斯市中心的高档小型公寓。这个举动可视为她决定在澳大利亚安老的宣言。

计数自己的日子

她说:"我理想的退休生活就是可以悠闲地在阳台上欣赏海景,经常出席住所邻近音乐厅的演奏会。"

顺子退休后发觉,能够优哉游哉的日子不多,她不是隔洋担忧独居母亲的安危,就是得回国亲自照顾母亲。

我猜想顺子应该早已料到会面对频繁回国或当个全天看护者的情形。我们过去共同研究项目的对象正是移居澳大利亚的日本退休人士。日本是个人口老龄化的社会,多数六七十岁的日本人都有高龄父母(尤其是母亲)居留国内,而隔洋看护总是个难以避免的经历。记得当时一对七十开外的夫妻忆起刚移居澳大利亚的前几年,母亲经常飞澳小住,但是当母亲患上失智症后,就轮到他们轮流回去当看护。这样的安排持续了好几年。这位太太说过的一席话给我留下深刻印象,她说:"虽然我们负起责任经常回去悉心看护老人家,我甚至可以肯定地说我们虽然移居了却一直都是主要的看护者,但是留在国内的兄弟姐妹却始终认为我们已经远走他国,留下我们永远都做得不够的错误印象,这种偏见令我们非常沮丧。"

为了逃避看护父母的责任而移居国外的例子时有所闻,但是周遭遇到的更多是努力地兼顾彼岸的生活,也竭力负起照顾父母的隔洋实例。月前为了子女的教育而在十年前移居南澳的朋友,一接获父亲突然中风的消息,就赶紧一个人回来帮助母亲安顿父亲的护理事宜,包括重整家

莫忘我：人类学家的老龄社会观察笔记

居以方便轮椅移动、申请有护理经验的女佣等，让需要长期看护的父亲可以继续与母亲在家中养老。

另一位因为丈夫的职务而全家居留本地的台湾朋友，则为了身体虚弱的双亲的方便，安排他们搬到台北市的一家医院附近公寓居住，雇请两名外籍女佣照顾他们的生活起居和护理需求。不能够时时留在父母身边的隔洋看护者与父母的联系，除了保持紧密的语音通话外，还在家中装置电脑，以便随时在视频上"见面"，全天连线显得日益普遍。然而，尽管每年回家的次数增加，可以天天通过视频见面，都免不了出现遇到突发状况时的无助感，更取代不了面对面时握着对方的手，掌心透过的温馨；那在床畔、在饭桌上交谈中的窝心和祥和感。

有些人移居时把父母也带上了，当孙子还小时，他们是家中最可靠的帮手，可是尽了照顾孙子的责任后，有不少老年父母更愿意回到自己熟悉的家园养老。我也遇过一些中年移民的朋友，他们把父母接到澳大利亚的大房子长居后，没料到他们反而更寂寞。

有一家人，因为居住在地广人稀的郊区，老父亲不能够过着天天下楼与老邻居们在咖啡店聊天的日子，结果成了"沙发族"，因为成天坐在电视前吃零食而健康出了问题。经过一番商议，这家人又举家回归，让老父亲恢复泡咖啡店的退休时光。

另一家人，虽然女儿是护士，一直很希望尽孝心把鳏

计数自己的日子

居的父亲接到澳大利亚一起生活，但是父亲尝试一年后，还是选择回到三房式组屋的老家独居。

　　能够有孩子在侧照料，居家安心养老固然是一般人的理想老年生活模式，但是在少子化、全球化的大社会趋势当下，这种曾经被视为必然的养老模式恐怕只能停留在理想的阶段。相对而言，由于新加坡采用鼓励子女与父母靠近彼此居住、提供三代同堂组屋单位等房屋政策，加上是小国，我们社会的老年人与子女住得近或同住的比例，都比日本和中国台湾地区等地来得高。

　　与此同时，随着对专供老年人独居或共居的房屋需求日益增多，显现了人们对老年生活的务实意识，"退休村"公寓概念反映了人们的期待，希望居所提供的附加服务应有全职管家服务、医疗、护理等设施。这是为了满足人们希望能够居家养老，却担心没有子女在侧，或者希望有专业老年护理服务的要求。

　　近来关于"退休村"公寓的讨论，包括为何标榜"退休村"的房地产发展项目没有限制买家年龄的问题。其实对于一个急速老化的社会而言，如果能做到每个社区都能够落实"退休村"的概念，包括提供老少同处的空间和环境，那么对年长者，或是同住或住在附近，甚至是隔洋看护的子女，都是个安慰。

2014年2月9日刊于《联合早报·学人视角》

老化中的日本典型家庭

近年来独居户数量日益增加,反观三代同堂的家庭,比率却每况愈下。

　　近期在日本出席了在东京市中心主办的一项关于老龄居住问题的研讨会后,我趁周末顺便拜访住在东京东西两头的老朋友。
　　中午我和先生先到东京以东的千叶县去会美佐子。我18岁就认识美佐子,我们曾经一起度过促膝而谈、逍遥共游的织梦岁月,与她的家人自然熟络。这回她趁着周末把家人都邀来与我们欢聚,还说她的家婆因无法前来而感到抱歉。席间除了她和先生及三个孩子外,还有她的兄姐及

美佐子和母亲与侄女一起到河畔赏樱,她不忘提醒我,像他们凝聚力这么强的大家庭在当今日本社会已属非典型。
(王邦吉摄)

侄儿侄女,当然也少不了她那和蔼可亲的母亲。

20多年前,美佐子曾经带母亲到新加坡和夏威夷等地游玩,还记得当时她一直声称母亲老了,能与她共游的日子不多了。事实是,美佐子的母亲刚在月前度过九十大寿,我感觉她还是相当硬朗与乐观,她却说一过

莫忘我：人类学家的老龄社会观察笔记

九十体力明显下降，听力越来越差，视力也变得模糊不清。她的背早就驼了，去年过马路时因行动缓慢遭遇车祸，幸好只是皮外伤。

老母亲一直与长子一家同住，颇有传统直系家庭的样式。婚后继续留住家中的长男孙夫妇于去年添丁，如今这个大家庭可堪称是日本市区里极其稀有的四代同堂。除了住在横滨的二哥一家外，美佐子和她的姐姐都住在靠近娘家的地方，大哥的两个女儿结婚后也都选择搬入附近公寓，虽然表面上大家都各自成立了小家庭，但是处在同个邻里的步行距离以内，他们实际上是个凝聚力强和交流频密的大家庭网络。

下午我们一起到河边赏樱花，快要生产的孙女已经暂时辞去工作，她挽着婆婆漫步时说，天气快转暖了，孩子出世后就可以经常一起出来散步。当我正在想象 90 岁的婆婆与孙女推着载了曾孙的婴儿车一同散步的温馨画面时，美佐子不忘在一旁提醒我，她的家庭在当今日本社会是个异数，一点都不典型。

何谓当今日本典型的老年家庭？从住在东京以西的埼玉县另一好友的家庭可看出端倪。

一元及和美这对夫妇是我们在美国求学时的知交，一元的母亲患有严重失智症而长期住在疗养院。记得有两回，他们因为恐怕一元的母亲就要离世而匆匆举家从美国赶回

计数自己的日子

日本见她最后一面。幸好那两回她都安然渡过难关，不过母亲最终还是在他们居留美国期间过世。这次见面，一元说起他父亲的健康情况欠佳，必须入住疗养院，却发觉要即时申请到疗养院的床位原来困难重重。

一元一家五口本来是与父亲"三代同两堂"，他们共住在坐落于东京西部一栋房子，虽然共用大门，但基本上是两个独立单位，一元一家五口住楼下而老父亲单独住楼上。两年前，因为工作关系，一元与家人都搬到埼玉县去了，留下父亲过着真正的独居生活。

老年独居确实更反映了当今日本社会的实况。近年来独居户数目日益增加，反观三代同堂的家庭，比率却每况愈下，这种现象趋势料必持续，因此接踵而来该如何强化守护独居老年人、防止他们被社会孤立，以及预防孤独死等情况的发生，对社区和政府、个人与家庭都是相当棘手的挑战。

本次东京研讨会上的主讲者包括著名女性学和社会学者上野千鹤子教授，她几年前出版的《一个人的老后（女人老了怎么办？）》特别畅销，反映了日本人已接纳独居是老年人将会面对的严峻事实。上野紧接着连续出版了以男性为对象，探讨男性在这方面所面对课题的著作。她的观点敏锐，文字利落，演说更是引人入胜。我虽然很赞同她提到迎接充实的老后阶段时的种种心理和实质上所需的准备，但是对她强调个人而"放弃"家庭的提议仍旧有所保留。诚然，眼前的事实是老年人更需要独立，更需要依靠家庭以外的支援，但若少了长辈在家庭关系上所做出的努力和肯定，已经开始蜕变的日本家庭形态，恐怕会在家庭代际关系的逐渐疏离下，面临更快瓦解。

2014 年 3 月 23 日刊于《联合早报·学人视角》

护老挑战东西谈

最后再问马丁,这里有什么地方比法国好?他说:至少这里的家庭仍然照顾家中的老年人。

认识马丁这位来自法国的硕士课程交换学生,是因为他发来电子邮件说对代际交流这个课题有兴趣,希望能见面聊聊。我约了他在办公室见面,他一开始就很认真地要求录下谈话内容,然后就我的一篇文章发出提问。

当我们逐渐谈开来时,他突然问我,为何对研究老龄和代际问题有兴趣?从来没有学生这么问我,那一个看似不经意的问题,让我意识到个人生活周遭的所见所闻,体验与反思,往往为研究的方向提供了视角,这对社会人文

莫忘我：人类学家的老龄社会观察笔记

研究者而言，别具意义。

我告诉马丁，我关注这些课题起因于"爷爷入住了疗养院"。在大学期间，我眼中那位热爱生活的爷爷体力开始出现衰退。面对他的护理需要，以及应对种种突如其来的状况，让年轻的我第一次真正觉察到老年问题对社会和家庭所造成的巨大挑战。马丁听了马上回应说，他也是因为观察了爷爷奶奶经历了曲折的护理安排过程后，开始关注老龄和代际问题，他希望在交换学习期间，能够了解本地的情况。

这个回应反而让我对他的观点感兴趣。再次见面时，轮到我要求录下谈话内容。

马丁仔细说明了关于他爷爷和奶奶安排护理的经历。

"我的爷爷奶奶都九十四五岁了。去年夏天爷爷在家不慎跌倒入院，奶奶或许是倍感压力也中风了。他们同时在医院住了快两个月。在这之后，父母亲为他们找到一家私立长期疗养机构，那地方房间宽敞，环境清幽，不过收费不菲。但是我们很不满意那家机构提供的服务。除了员工短缺，我觉得他们都不怎么顾及老年人的福利，虽然坐落在优美的巴黎近郊，院方从来不带老年人出外散步，也不安排活动，那里的老年人成天只能够无聊地呆坐着。因此我们决定，让他们搬回熟悉的住家养老，但是必须先在他们三层楼的住家安装电梯，再安排护理人员每天上门提供生活和医疗护理服务。我在这里时,听说爷爷再次跌倒须住院一阵子。如今父亲经常去探访他们,偶尔会留宿陪伴他们。但是在法国,基本上没有孩子与年老父母同住的习惯。"

据悉,法国虽然是社会保障体系比较完善的西方先进国之一,生育率也大致达到人口替代水平,但是65岁及以上的人口,如今已占总人口近18%,老龄化不断加剧社会对护理人力、财力和长期疗养机构的需求。马丁的家人在找寻适合的疗养机构时,由于公立和非营利长期疗养机构的供不应求,而不得不安排老人家人住收费高昂的私立机构,尽管如此安排,依然无法避免护理人员不足和服务欠佳的情况。家人的经历令他开始质疑法国的福利制度,他想新加坡或许能给予他一些启发。

年轻的马丁如何在这几个月内了解新加坡呢?他尝试到大学附近的社区找老年人交谈,坦言碰到不少言语不通的困境。他也访问在籍大学生,发觉不少学生的祖父母与未婚的成年孩子(尤其是女儿)同住。这让马丁觉得,本地青年并不是完全像媒体批判的那样不尊重老年人。此外有趣的是,他也结识了一些对本土历史有浓厚兴趣的青年,他们热衷通过影像保留本地的古旧建筑,马丁把他们的行动解读为尝试从追捕过去的痕迹中寻找对国家身份的认同。与此同时,也有年轻人告诉马丁新加坡并不适合他们,

莫忘我：人类学家的老龄社会观察笔记

他们向往到国外生活，甚至到他乡退休。身为一名巴黎青年，马丁对本地青年提早谈论退休计划感到相当惊讶。

马丁初抵新加坡时正逢"建国一代配套"课题在社会上谈论得沸沸扬扬的时候。他说："我起初以为之前有民间抗议老年人的福利不足，所以政府才推出这个配套回应人民的诉求，后来才明白那是政府主动为老年人提供的福利。"

最后再问马丁，这里有什么地方比法国好？他说："至少这里的家庭仍然照顾家中的老年人。"他顿了一下接着说："尽管家庭也面对了压力。"

2014年5月18日刊于《联合早报·学人视角》

最棒的一代

未来的年老一代,纵然珍惜与儿孙的交流,但更期望能够拥有独立自主的能力,不要成为孩子的负担。

　　春节假期过后,我紧接着参加了一项关于老龄化课题的研讨会。为期两天的国际研讨会,是由新加坡国立大学文学暨社会科学院新成立的"次世代研究所"(Next Age Institute)主办,着重讨论与本地养老有关的环境、设施、社区服务、居家照顾护理、社区参与等课题。适逢"金禧预算案"出炉期间,与会者提到本地的情况时,也适时加入最新的与援助年长者有关的信息。

莫忘我：人类学家的老龄社会观察笔记

每回参加老龄化社会的研讨会时，都深深觉得亚洲社会面对的老龄问题越来越棘手。印度的老年人口在2050年将超过3亿，来自印度的老年学学者忧心忡忡地表示，家庭的结构正在改变，现有的老年福利计划，例如养老金计划、养老保险制度等措施，明显不足以照顾日益增加的城乡贫困老年人。

马来西亚的学者也感叹，当地政府对老年人需求给予的支援不足，而且大多集中在城市范围。尽管近来有较多供老年人退休的村落已经设立，但是这些退休村多数与国际企业合资，主要锁定中高端与来自海外老年移民的市场。

泰国是继新加坡之后经历社会快速老龄化的亚洲国家。泰国在2009年才开始对"长期看护"定下明确定义，其所开展的社区型长期看护的模式包括"居家护理探访"和"鼓励社交活动"，这些计划在村民凝聚力强的乡镇地区，确实发挥了一定的成效，但是要在人口稠密、人际关系疏离的城市推广，却困难重重。泰国学者语重心长地说，泰国将是一个未富先老的国家，加上政局动荡，老龄化社会对国家、老年人和他们的子女，都将是一个艰巨的挑战。

社会和家庭结构的变迁，到底会如何改变人们对奉养父母的观念，是许多研究亚洲社会老龄化的学者所关注的课题。研讨会上新加坡国立大学学者发表了他们在新加坡、首尔和上海，针对50岁至69岁人士对"成功老龄化"定

计数自己的日子

义的调查发现，在包括"拥有快乐""可以自由行动""没有疾病""经济稳定""继续工作"等12选项中，"能够有子女照顾我"和"与子女同住"这两个选项，在这三个城市中的排名较后，尽管这两个选项的支持度都超过半数。中老年者对老年奉养的观念有所改变，或许表示他们已经感受到时代不同了，做父母的已不能再期待孩子愿意与父母同住，孝敬并奉养他们。想起最近友人发来的一段感言这样说道："我们这一代，是最后一代奉养父母的孩子，也是第一代不用子女奉养的父母。我们是最棒的一代！"这个说法意味着，未来的年老一代，纵然珍惜与儿孙的交流，但更期望能够拥有独立自主的能力，不要成为孩子的负担。

其实，本地青年一般都希望自己有能力奉养父母。最近一项关于日本和新加坡女大学生对奉养父母的意愿的调查发现，与日本相比，更多新加坡女大学生希望将来能和父母同住或住得更靠近；她们更愿意尽其所能，为父母提供经济的助力，以及看护上的需要。她们也表示，将来需要聘请外籍女佣，帮忙提供居家看护服务。年轻人有孝心固然可喜，可是现实生活的压力，以及未来不确定的雇佣情况，加上若需同时看顾多名需要长期看护的年迈父母，对于兄弟姐妹不多的家庭，肯定是个沉重的担子。

制定长期护理社会保险制度，是帮助减轻家庭看护负担的措施之一。韩国自2008年实施了这个制度，至少半

莫忘我：人类学家的老龄社会观察笔记

年在生活上难以自理而需要护理的韩国年长者，可申请"需要长期护理"的认定，以申请保险津贴支付大部分长期护理的费用。这包括支付居家看护、复健训练指导、聘请接受超过120个小时训练及通过考试的长期护理专业人员帮忙处理家务、洗澡服务等。但韩国学者透露，虽然长期护理专业人员的数目激增，有四成却是"受雇"于自家的老年人，公私不明的界限令政府为难，因此从今年开始，韩国政府规定，护理自家老年人的人员，一天最多仅能提供一个小时的收费护理。

近年来不少国家的老龄化政策也开始更注重预防，以缓解护理需求和财政压力。日本在十年前已通过改革长期护理保险制度，制定了护理与预防并重的体系。在研讨会上，香港学者介绍了一项即将在四月推出的新防范计划，培训社区里的年轻乐龄当特定的运动教练，教导其他年长者，以期通过正确的运动，有效推迟老年衰退。

在人口迅速老化的国际趋势下，出现更多这类沟通平台以交流经验是可贵的。它提醒我们，在财力、人力，以及时间的限制下，要圆满实现老有所养及所依的理想诚然不易，但是若能配合具前瞻性、符合民情的政策措施的实施，"人瑞社会"也同样可以是安居乐业的乐园。

2015年3月1日刊于《联合早报·零距离》

安享晚年

> 很多老年人也开始明白，不能抱着有孩子就表示将来生活必有保障的想法。

2012年如常在初二领着孩子拜访了两家我们统称叔叔的远亲。第一家的叔叔今年88岁，同84岁妻子住在同一间排屋，小儿子婚后与父母同住，几年前他们装修屋子，在一楼加置了附加浴室的房间，让两脚无力的二老可以省却上下楼的不便，家里也请了外佣看顾小孩及护理父母亲。

同叔叔婶婶和他们的孩子聊天，话题自然围绕在家中照顾老年人的问题上。他们提到昂贵的医药费，还有到不同专科医生看诊的不便，老年人为给孩子添麻烦而感到无奈。孩子有工作在身，也须为他们的子女操心，还得照顾父母，有时甚至得一周三次轮流带父母亲去看诊，难免感叹夹在当中的劳累。

第二家的叔叔则住在隔几家的排屋，是第一家叔叔的亲弟弟，虽然这位叔叔已在两年前逝世，我们还是每年到他家去向老婶婶拜年。第二家的婶婶今年78岁，数年前曾经中风，目前已逐渐康复，虽然行动依然不便，今年的她看来气色好些，我们聊着往事，聊到她自己"老了不中用"。婶婶与两名未嫁的女儿同住，叔叔在世时本来聘雇了外佣，后来发觉有了外佣也不见得省心，所以两名上班族的女儿决定自己料理家务，白天只好让母亲单独留守。

这两个家庭的老年人都属于无须政府操心的一群，他们有经济能力，儿女成群。第一家叔叔有七个孩子，第二家婶婶有九个孩子，更重要的是，他们的儿女愿意与他们同住且负起照顾父母的责任。即便让老年人白天独守空居或独让外佣陪伴，虽然不算是最理想的安排，但若不时有其他子女来探访，或是有小孙子在跟前嬉戏玩乐，还能每天盼到孩子回家一起用餐，那也可称为安享晚年吧。

处在世俗规范和政府政策都极力推行照顾家庭的社会，我们或许认为需要护理的老年人，他们的孩子一般都认为自己有看护父母的责任。诚然，当一向独立生活的老年人失去自理能力时，本来已自组核心家庭的孩子把父母

计数自己的日子

接回家后，聘请外佣，甚至不得已换工作或辞职自行照顾的情况时有所闻。在这之中儿女成群的老年人自有他们的烦恼，若孩子互相推卸责任，没人愿意接待需要护理的老年人，那迁入疗养院恐怕是迟早的事。

随着小家庭的普及化，越来越多老年人面对的并非在需要护理时哪个孩子愿意照顾他

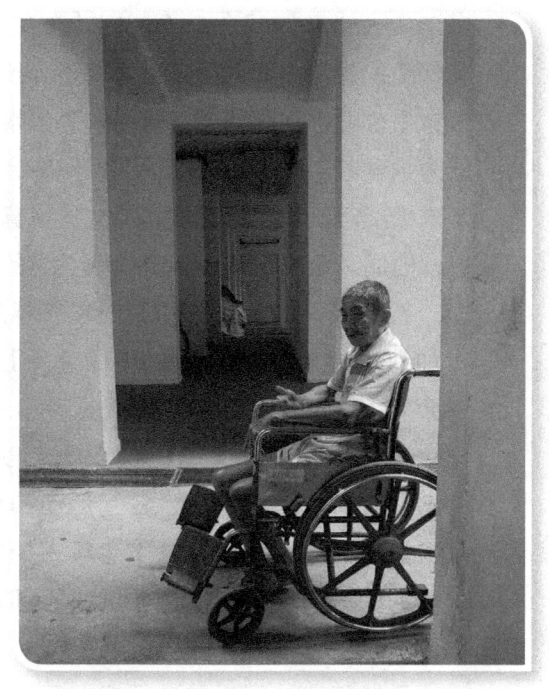

妥当处理老年护理，让人人能够安享晚年，是每个步入老龄化社会的政府都得面对的棘手课题。（洪耀光摄）

们，而是实际上到底有没有孩子可以提供看护的问题。在工作机会已全球化的大环境中，在外的孩子被夹在海外发展机会和为了年迈父母回家的两难抉择之中。我看过一去不返的孩子，也有毅然离职回国照顾父母的孩子，甚至移居之后仍尝试把需要护理的父母带在身边看顾的孩子。但很

119

莫忘我：人类学家的老龄社会观察笔记

多老年人也开始明白，不能抱着有孩子就表示将来生活必有保障的想法。因为周遭确实有不少孩子，他们婚后为了个人自由或考虑到配偶与父母不和等因素，而没有能力或不愿成为护理者。家庭长者的护理看似将会更趋向由老年配偶或是未婚成年孩子扛起责任，那么将来寡居或单身者步入老年后，他们又该如何解决本身需要护理的问题呢？

新加坡人口老龄化的步伐越来越急促，政府在最近宣布加快扩展老年护理计划的对话会上提到再过18年，预料会有11万名需要他人照顾的老年人，而独居老人将从现今的28 000人增至83 000人。且先不谈倍数或更大幅度增加现有的上门医疗、日间活动和复健中心等设施和服务，是否足以真正应付将来老年人的护理需求，对于需要护理的独居老年人，平日由谁来照顾和安排提供这些服务也是难题。

虽然聘雇外佣看护独居或白天独居老年人是常见的选择，但我们不得不防范缺少专业训练的外佣有可能照顾不当，一时疏忽，造成老年人遭受虐待的问题。有外佣说，照顾不能自理的老年人比照顾顽皮的小孩轻松多了，因为他们的成年孩子通常不会像照顾小孩似的百般挑剔，平日只需要为老年人清洗，安顿他们的三餐，其他就是自由时间，因此在一些人口老化的社区，我们不难看到外佣们三五成群聚在一起谈笑风生，消磨时间，任被搁置在一旁

计数自己的日子

的老年人坐在轮椅上打盹。

  妥当处理老年护理问题,让人人能够安享晚年,是每个步入老龄化社会的政府都得面对的棘手课题,增加援助与加快扩展老年护理是令人鼓舞的开始,恳切寄望我们的政府能充分把握时间,以全方位的视野看待夕阳人生。

2012 年 1 月 29 日刊于《联合早报·学人视角》

天下父母心

失落的父母

> 失落感是否会造成危机，如产生焦虑、沮丧、不安情绪等'空巢期症候群'症状，就要看个人如何去面对这个新阶段了。

我的德国同事汉德最近常提及他的大儿子。他们一家在新加坡已住了十年，大儿子刚毕业找到工作，却因为申请不到工作准证，不得已只好只身回去陌生的德国。他们刚搬新家，儿子才把自己的房间布置好就得离巢。问汉德觉得失落吗？他耸耸肩，释然地说："怎么会呢，他都22岁了，也该是离家自立的时候了！"

我们都说他故作潇洒，但或许是当爸爸的比较看得开吧！汉德接着说起他在日本的嫂嫂，儿子不过搬到隔壁的城市读大学，她一连好几天茶饭不思呢。

　　提到失落的妈妈，犹记得一位香港妈妈的生活一向围绕着孩子转，把独生子送去加拿大寄宿学校上高中时，因为太放不下儿子，所以在学校不远处独自租房，天天从远处眺望，时刻打电话嘘寒问暖，步步关心。后来孩子考到美国的大学，对妈妈说："别跟着我了。"妈妈只感晴天霹雳，一时不知何去何从。

　　现代父母空巢得早。流连赌场的赌客中为什么会有家庭主妇，这和家庭结构的改变不无关系。上一辈的母亲，因为节育不普遍，孩子连生，最小的还在幼儿园，大孩子就已结婚生子，有的家庭甚至妈妈和女儿或媳妇一起生孩子，妈妈得一直照顾儿孙，哪有空巢可言。反观现代的小家庭，大多只有一两个孩子，大家也较有能力供孩子出国念书，所以孩子还未经济独立，父母就已体会空巢。

对待青少年要像放风筝般，给他们广阔的天空，但又有可以互动联系的渠道。（洪耀光摄影）

莫忘我：人类学家的老龄社会观察笔记

　　但现代父母往往不用等到空巢期，就已能感受到那股失落。一位家中有女初长成的爸爸，天天以拥抱孩子为乐。可是，一年前，他那13岁大的独生女却突然对爸爸说："不要抱我，好羞！""我经常搂在怀里亲的孩子，一转眼长大了！"爸爸只能感叹岁月无情。他的女儿一直在美国学校上课，或许比同龄的东方孩子早熟吧。

　　家中有青少年的父母往往会发觉，仍是心目中年幼的孩子突然显得容易急躁和情绪化，他们抗拒父母的关心，变得不如以往亲昵。步入青春期的孩子渴望得到同龄人的认同，朋友一下子成了他们生活的重心，结果习惯被孩子依赖的父母骤然发觉自己竟然得与孩子的朋友争夺注意力。难怪父母们共聚聊天时，总不免对孩子的"重友轻亲"唏嘘一番，有人自嘲：父母唯一的优势仅在于他们是孩子最可靠的提款机！

　　一般父母养儿育女，当然希望怀中的孩子最终能够离巢独立，升格为父母，传宗接代，但在孩子离巢之际，欣喜中不免夹了丝丝失落惆怅。难怪有些父母纵然了解应该鼓励孩子为提高国家人口生育率尽一点责任，但也甚欣慰未婚的孩子能长伴身旁，尤其当孩子一直提供着可靠的经济援助和看护以及其他各方面的帮助时，心情更显矛盾。

　　孩子青春期的独立宣言，也许是孩子因为出国读书、移居、结婚等的离巢，或多或少会让父母感到失落，而那

天下父母心

失落感是否会造成危机,如产生焦虑、沮丧、不安情绪等"空巢期症候群"症状,就要看个人如何去面对这个新阶段了。

很多妈妈表示曾经为了照顾孩子而舍弃自己的兴趣,因此该去重拾昔日爱好或培养新喜好,扩大社交圈子。有的妈妈决定重返社会,从工作中寻求精神寄托。也看过不少中老年夫妻,把焦点从孩子移回彼此身上,重新调适二人世界。但面对急着想摆脱童年的青春期少年,父母可别误以为真的是提早进入空巢期了,处在这个阶段的孩子,虽然急于表现独立和成熟,却往往缺乏自信,容易多愁善感,以偏概全,他们既需要父母的扶持,又经常坚持己见,致使亲子间容易发生摩擦。所以有人说,对待青少年,要像放风筝般,给他们广阔的天空,但又有可以互动联系的渠道。这个阶段的孩子纵然倾向叛逆,但同样期望父母的爱,而不是苛责,所以父母得学习在收放间当聆听者,也做引导者,在孩子找寻定位和自我肯定的摸索中,从旁助他们一臂之力。

那天同事汉德兴奋地说儿子找到工作,已迁到德国西部一个小城市上班。他第一次离家独立,租来的房子空荡荡的,什么都得自己购置,汉德说:"我和太太忍不住上网浏览,看看是否应该给他买电视和沙发,现在网上购物太方便了。"

真是可怜天下父母心。

2010 年 10 月 31 日刊于《联合早报·学人视角》

孩子在等待

> "说的也是,大人在计划生儿育女的时候,何曾试过以孩子的角度看人生?"

一个晚上,依偎在怀里的小儿子突然问:"妈妈,为什么你这么迟才生我呢?"

"为什么你这么问?"我很好奇。

"因为我想要有更长的时间和你在一起!"

真窝心!

儿子搂着我接着说:"外婆说她25岁时就生了你,可是你35岁才生我呀,那你和外婆,比我和你多了10年在一起的时间!你怎么不早点儿生我?"

天下父母心

大人们，孩子在等待着，不要错过了。（作者摄）

说的也是，大人在计划生儿育女的时候，何曾试过以孩子的角度看人生？

对现代人而言，结婚生子已非理所当然。其中有人因为事业上的野心，或是注重享乐主义而选择不婚或不育。但那毕竟是少数，许多人并没有特地抱持独身主义，或是认定结婚后不要生育，只是一踏入社会投入工作后不知不觉地蹉跎了适婚／适育的岁月，待过年时被亲戚问及"几时要结婚／生孩子？"或许才恍然记得那好像是自己曾经想过要做的事。

在亚洲，许多经济发展迅速的国家都同样在为生育率的持续下滑而烦恼。国家领袖们担忧生育率连续达不到人口的替代水平会加剧人口老化,而导致劳动力减少和抚养老年人的负担加重等问题,这最终会碍及国家的经济竞争力。在人口已经开始下降的超级老龄化社会——日本,已有学者推测如果情况不加改善,日本将有朝一日面临人口绝种的末日。

这些国家都同样面对单身和晚婚者的增加及家庭少育而导致婴儿减少的困境。亚洲社会毕竟不像欧美社会那么开放,法国虽然结婚率低却可以拥有大致达到人口替代水平的生育率,是因为有一半的婴儿来自未婚／非婚家庭,而这种靠未婚生子来维持婴儿数量的现象,恐怕不太易为亚洲社会坦然接受。

基于在单身和晚婚者当中受高等教育的女性比率突出,加上决策者认定教育程度高的母亲有较优良基因的论调,所以新加坡早期的鼓励生育政策明显偏重鼓励受高等教育女性结婚生养。我上大学时,刚好这个论调备受关注,为了制造认识异性的机会,大学宿舍换成男女生混住同一栋楼,社交促进组也积极瞄准新毕业生。我大四一毕业就被邀参与一个在大学宿舍主办的毕业营,发觉那是和社交促进组联办的,女生都来自新加坡国立大学,男生却包括理工大学,甚至刚留学归国的政府奖学金得主,这种密集交友的点子果然有效,我的小组才几天就促成了两三对。

天下父母心

而我的同学当中有几位还真的是毕业后由社交促进组牵线，通过康乐节目、电脑配对等活动找到另一半。

然而，夫妻不育、晚育或是只育一子的情况趋向普遍，一对男女尽管决定缔结连理却已不能保证结婚就能解决婴儿数量减少的国家问题。虽然政府积极推广各项鼓励生育的措施，不少夫妻都站在是否该升任父母或是该不该培育多一个孩子的门槛前裹足不前。无论在新加坡、日本、韩国或是中国香港、澳门、台湾地区，迟疑的理由不外是养小孩经济和精神压力太大，在竞争激烈的大都市，房子贵、交通费贵、教育费贵，孩子要进排名前面的名校太困难，总之要给孩子一个很好的生活太不容易。与其让孩子受苦，不如不生，或是只生一个，然后给他最好的。

在本地一家医院负责客户关系的友人发现，近年来新任妈妈的年纪越来越大，因为高龄生产，小孩出世后有问题的概率也比较高，然而这些妈妈却往往是最难接受打击的一群。我们分析那或许是因为较迟生育的妇女，有些在职场上已经身居要职，呼风唤雨，要求很高，所以特别难以接受自己的孩子竟然有缺陷的事实。

前不久，吴资政在一个妇女集会里提到新加坡的总生育率在去年已降至1.16的严峻水平，他呼吁该妇女会着手商讨解决方案。其实，一般人是不会为了帮助提高国家的总生育率而决定生孩子，虽然相关的措施如婴儿花红等有可能在一定程度上改变人们的行为和决定。要不要结婚生育，都始终是个人的自由选择，不过，一对夫妻如果曾经有那么一点儿觉得想要有孩子的念头，就请不要犹豫，勇往直前吧，无论是自然生育，或是得借助医疗帮助怀孕，甚至通过领养孩子的繁杂过程，每对父母都有希望和他们长时间相处的孩子正在等着，不要错过了。

    2011年1月31日刊于《联合早报·学人视角》

家有喜事

> 是本地或异国婚姻也罢,是奢华或简单的婚礼也罢,重点是筹办喜事,仅是婚姻人生的起步。

家中快四十的弟弟终于决定与拍拖多年的女友缔结连理。家中要办喜事,大伙儿当然喜上眉梢,妈妈赶紧问,家在中国的准媳妇,不知道有没有什么特别的婚嫁礼俗?

我立即发电子邮件给都已落户美国的一群中国好友。我们是在美国念书时的死党,九对夫妻中仅我们这对回国,多亏有便利的电子邮件,让我们随时保持联系。好友们很快就答复,和准媳妇同乡的好友说她们家没讲究,所以她对这些风俗习惯一窍不通。另一位说他们离开太久,或许

莫忘我：人类学家的老龄社会观察笔记

妹妹在 2006 年与西班牙夫婿缔结良缘，异国婚姻的现象在新加坡越来越普遍。（作者摄）

礼俗不同了，所以问了其他人，给了一些关于聘礼的建议。也有好友说，虽然婚礼能照顾到女方的习俗最好，但既然是你家娶媳妇，而且在你家办，按你们习俗就可以，中国人都讲入乡随俗。

果真不出所料，后来准弟媳也说她们家不讲究，也没什么要求，按着我们的习俗办就行。其实双方亲家都没经验，对方是独生女，我们家只有一个男丁，父母亲第一次娶媳妇，不像我的家翁家婆，当年我们结婚时，他们家都已娶进四个媳妇，所以经验丰富，对习俗驾轻就熟。还记得当年朋友好意为我们设计了别致的请柬，但却因为没印

天下父母心

上"恕乏价催"这四个字而令讲究礼俗的家翁不快,虽然我们当时不解为什么他要那么在意,但也只好安排为他要发的请柬另外加印这几个字。若他现在还在世,听到有些婚礼上年轻的主持人说:"我们预备了丰富的餐点宴请大家",而不是"酒菜单薄,不成敬意"时,肯定会直摇头,叹息现代人怎么可以那么不懂礼俗,欠缺谦诚的美德?

通过家里办喜事,让我对小家庭化的社会构造与办喜事做了联想。排行老幺的弟弟于1972年出世,那正是新加坡政府大力鼓吹"两个就好"小家庭政策的时代,父母亲大概认为既然都有儿有女,也就停在第三胎了。自小家庭计划成功推行至计划结束后的现今,两个、甚至一个或不生小孩的家庭越来越普遍,加上单身人士有增加的趋向,这表示一般家庭办喜事的机会其实已不多,当然就没有什么经验可言。这或许说明了为什么越来越多新人会决定采用婚礼策划公司的服务,付费让有经验的业者来代劳。

随着社会的现代化,旧日婚嫁的繁文缛节已大大从简。但从另一个角度来看,人们生活的日益富裕,加上小家庭难得办喜事,再配合婚嫁行业商业化的鼓吹,现代婚礼虽少了一些传统的束缚,却反而更趋向奢华的琐碎细节,婚礼的费用无疑是越来越高了。就说拍婚纱照吧,以前是结婚当天到照相馆拍,现在到国外拍摄婚纱照已不算特别,有人甚至租了直升机到无人的小岛尽情摆款呢。还有婚宴,一桌上千元的价格已属普遍,除了因为通货膨胀,婚宴上

莫忘我：人类学家的老龄社会观察笔记

的诸多点缀如为每位来宾预备小礼物，侍应生捧着第一道菜入场的表演，甚至租用荧幕和放映机等配件，应该都算在昂贵的配套价格里吧。不少新人发觉喜宴上所收到的红包已经不能完全抵消晚宴的开支，如果婚宴的价格继续高扬，不知道我们的社会是否会渐渐如日本社会，婚宴一般席开四到八桌，只宴请挚亲的人出席？

家里的喜事，也反映了本地婚姻的国际化。据知，异国婚姻有逐年上升的趋势。统计显示，在2005年注册的婚姻中，有34%是本地居民（公民和永久居民）与外地人的婚姻。在2007年，这个比例上升至近四成，而本地男性娶外地女性的比例，比本地女性嫁外地男性超出三倍。端庄的准弟媳已在本地工作五年，他们因有共同的朋友而结识。而五年前嫁给西班牙人的妹妹呢，则是托互联网的福，邂逅了她温文儒雅，又有点羞涩的夫婿。

是本地或异国婚姻也罢，是奢华或简单的婚礼也罢，重点是筹办喜事，仅是婚姻人生的起步。在热闹忙碌过后，要怎么携手共度漫长的婚姻旅程，享受彼此相处的乐趣，与双方的家人和睦相处呢？我想起了《圣经》里的一段话，对不同国籍、文化背景的夫妻更具意义："凡事包容，凡事相信，凡事盼望，凡事忍耐，爱是永不止息。"

2011年2月27日刊于《联合早报·学人视角》

希望孩子上学快乐

哪一种方式更能培养孩子的自信心和对学习的热忱？家长应该如何对孩子的成绩做出反应？学校如何能更有效地让孩子平衡成绩和快乐的学校生活？

在学校任教的友人经常感叹"家长越来越难搞"。身为家长，我最近也间接领教了老师口中所谓的"难搞家长"。在一次小学模拟考试中，由于班上多数学生都意外地考得不甚理想，有位家长就私下向老师发电子邮件询问原因。这位老师或许认为其他家长也会有一样的疑问，就把答复寄给了所有家长，内容大意为学校是特意把这次模拟试卷

莫忘我：人类学家的老龄社会观察笔记

一群热心的家长志愿设立了足球社，让小学生们有机会快乐地共同踢足球。（Tan Teck Ming 摄）

的难度大大提高，让学生开始体验来年会考的难度与要求，所以家长不必为孩子这次考不好而担忧。岂料电子邮件一发出，就随即有另一位家长怒气冲冲地向老师兴师问罪，质问校方这种做法的用意何在。他批评这不仅打击学生的自信心，给家长施加无谓的压力，也影响孩子的学习生活。

由于往来邮件也都寄给所有家长，所以大家都成了整个事件的旁观者。附在邮件里的一系列名衔显示这位家长是一位功成名就的专业人士，他说要向教育部投诉，要见

天下父母心

老师和校长,却要求老师打电话到他的诊所与他预约见面时间,态度傲慢。幸好老师沉着以对,心平气和地回复道,虽然了解这位家长对孩子的关心,却不能认同他在电子邮件中的语气。

当时旁观者都因为那位家长咄咄逼人的态度而哗然,回想起来,纵然他那目中无人的不尊语气令人不敢苟同,但我们却不得不承认他的不满的确反映了不少家长的疑问。特意提高预考的难度,希望以此鼓励学生用功准备正式考试,已是一般校方帮助学生应对考试的普遍方式。预考时不令人满意的成绩固然显示校方的用心良苦,但是让学生以沮丧和不安的心情备考,是否一定比让学生取得他们应得的成绩,以受鼓舞的心态备考来得更有效?哪一种方式更能培养孩子的自信心和对学习的热忱?家长应该如何对孩子的成绩做出反应?学校如何能更有效地让孩子平衡成绩和快乐的学校生活?

每一位家长都希望孩子上学快乐。

由于我的工作关系,小儿子的小学生涯始于澳大利亚,回国后他加入二年级。刚开始时他不大适应这里的学校生活,"为什么这里的老师在班上总是气呼呼的?"他经常问。有时想念起澳大利亚的学校和同学,就哭闹着要"回去"。他喜爱多项体育活动,却发觉没有一项被列入学校的课外活动。我们都纳闷为什么偌大的一所男校竟然只设有区区

莫忘我：人类学家的老龄社会观察笔记

几项体育课外活动，甚至连足球这么普遍的运动都没有，后来才了解那是因为校方认为资源有限，所以采取了只重点发展一两项运动的结果。听说足球是几年前才被取消的课外运动。

可喜的是不久后，一群家长自动自发组织了一个足球社，终于让孩子们可以在学校里一起踢球。开始时，足球社不收分文，全由家长义务担任教练，但随着人数的增加，他们开始征收些许学费，以聘请专业教练。为了不让家境欠佳的孩子会因为缴费问题而裹足不前，足球社更发起了一项支援计划，鼓励其他家长义务资助有需要的学生。

身为学校里唯一的足球社，他们经常被邀请参加比赛，为校争光。时至如今，足球社仍旧不被校方承认为正规的课外活动。然而，这群热心的义工家长并不气馁，他们本着要让孩子有机会共同踢足球这么一个单纯的信念继续献身，把足球社办得有声有色。

在校方眼中，对提高试卷难度发出质问，或是坚持学校应该有足球活动的家长，或许都同属"难搞"。家长与学校都应该是为孩子健全的身心发展而并肩努力的共同伙伴，为什么却不时变成了对立关系呢？有趣的是，有些老师一旦换上家长的角色，也一样对孩子的老师显出咄咄逼人的姿态。我很不认同家长轻视老师和学校，即便越来越多现代家长资历比老师高，但为人师表终究是一份崇高的

天下父母心

职业,老师在培育下一代的重任中与家长同样分担着不容忽视的角色,他们需要家长的尊重、认同与鼓励。

 该如何化解家长与学校之间的对立呢?身为家长,我希望双方都能够回到根本,以孩子的需要为基本的考量。孩子是否一定要经过自信的受挫以考取更好的成绩?当孩子渴望有更多自由的空间去尝试不同类型的活动时,学校是否能摆脱机制中的限制,为孩子开创更多方位的空间呢?

 我们都希望孩子上学快乐。

2011年8月14日刊于《联合早报·学人视角》

电源缺些,科技少些

不论是被迫或自行体验没有电源,少了科技的日子,尝试过的人们都能从中体会到日子原来也可以过得那么简单和快乐。

没有电源,少了科技,日子怎么过?

这个夏末不巧遇上飓风"艾琳"的上百万美国东部居民就曾被迫尝试其中滋味。

定居康涅狄格州的好友小燕来信大吐苦水:"我们那一带竟然经历了持续六天断电缺水的情况,你说这像是活在美国吗?风暴过后电力公司优先复原市中心和一些超市的电源,结果那六天,我们一家每天都得到市内的警察局

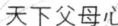
天下父母心

或消防局取水,到公立图书馆为手机和笔记本电脑充电,到高中的体育馆更衣房用热水淋浴,生活一下子变得极其不便!"

哇,日子真的好像一下子回到了原始状态!这次的水电中断情况严重,整个康涅狄格州有超过九成的居民深受影响,电力公司首当其冲成了人们的出气筒。但是小燕意外发觉除此以外,大家一般都保持冷静,生活的节奏也明显放缓,日子变得简单多了,不少居民义务帮忙清理路上的断枝落叶,发扬邻里互助精神。孩子们对学校不得不延迟开课的决定欢呼不已,因为不能如平常般躲在家中玩电脑游戏,结果小孩都聚在一块儿游玩,乐此不疲。

问小燕还有什么深刻感受。"其实挺感恩,飓风后的天气天高气爽,我们得以餐餐在院子里烤肉,有即用即丢的纸盘纸碗可用,还算方便。停电的夜晚,我们一家子玩'大富翁',打麻将,偶尔通过充电后的笔记本电脑看电影,倒也其乐融融。"她也提到有平时夫妻各自为政的朋友,在停电期间两人破例天天陪孩子们一块儿在家玩游戏,电流恢复之际,年幼的孩子却伤心痛哭起来,倘若得在断电或一家团聚之间作取舍,孩子宁愿舍弃现代生活上的便利,以换取有父母时时陪伴在侧的天伦之乐。

切断电源,远离科技,就能挽回天伦吗?这个答案,曾经试验性尝试过6个月自行与科技绝缘的作家苏珊·玛莎

莫忘我：人类学家的老龄社会观察笔记

（Susan Maushart）最清楚不过了。

就如苏珊在她的著书"*The Winter of Our Disconnect*"中提到，她和她的三位青少年孩子都是典型的被科技俘虏者。当这个"抱着iPhone睡觉"的单亲妈妈意识到可以时刻上网与外界接轨的科技生活已不知不觉地侵蚀了亲子时光，导致家庭关系脱轨时，她毅然下令短期在家中实施"无屏幕"生活，告别科技世界。开始时大家对少了电话、电脑、电视这种与世隔绝的"非人"生活无所适从，孩子们怨声载道。6个月下来，儿子却从原本离不开屏幕的网上游戏，认识到原来屏幕以外的世界可以很精彩，他学会吹萨克斯风，甚至喜爱上阅读。两个女儿因为不能一边做功课，一边与朋友网上聊天、上脸书，竟神奇地学会如何专注地去完成一项任务，学业成绩明显改进。

然而对苏珊而言，这个体验的最大收获是找回了天伦。把目光从屏幕移开后，妈妈和孩子们开始交流，他们不再各自为政，留意到彼此真实的存在。餐桌上的对话多了起来，他们也到彼此的房间聊天，捧出旧相册笑谈过往，一家子一起玩游戏、烘糕点，享受简单的天伦之乐。

做这个实验时，原籍美国的苏珊一家正住在西澳的珀斯。月前在珀斯与当地朋友小聚时，席间大家提到她，都不禁佩服她毅然挑战来势汹汹的科技的那股过人决心。其中一位与她相熟的朋友津津乐道地说到有一回苏珊的孩子

天下父母心

告知她晚上同学会到家中玩。苏珊心想,糟糕,他们平常聚在一起就只会玩科技游戏,少了科技,孩子们能够做什么?那个晚上她回家时,在屋外看到家中有微弱的烛光在闪烁着,一群孩子正围绕在钢琴旁开心地唱着歌,她一阵感动,也释然了。

不论是被迫或自行体验没有电源、少了科技的日子,尝试过的人们都能从中体会到日子原来也可以过得那么简单和快乐。不过严格说起来,小燕和苏珊一家也只能说是体验了"低科技"的日子。那期间,小燕夫妻一直都开着iPhone,她回想,"那或许是为什么经历了六日的停电缺水,我还能保持理智清醒的原因"。而苏珊虽然在家中过"原始"生活,但允许孩子们在学校用电脑和智能科技。

就像环保运动正大力提倡"低碳"生活,在科技的洪流当前,我们是否也该开始倡导适度的"低科技"生活?除了促进天伦,缺水缺电,暂别科技的切身体验也可以促进人们积极与科技维持生态平衡,这样的体验更可以磨炼孩子,助他们认识能源的可贵。

缺一点电源,少一点科技,日子可以更充实。

2011年11月1日刊于《联合早报·学人视角》

子孙满堂

当工作忙碌,时间与收入有限的年轻夫妻在权衡之下,会发现生养孩子的付出是不可小觑的,应该如何帮助他们实现'子孙满堂'呢?

连续两个周末都出席喜宴,巧合的是,两场晚宴都在同一个酒店的宴会厅举行。

第一场是新婚喜宴,一步入酒店大厅,就看到右侧的宴客接待处衣香鬓影,年轻的宾客居多。接待处旁边的桌面上摆着让宾客浏览欣赏的美丽新婚照片,大相本里的数十张婚照中,有新人深情款款地对看、深拥,也有打情骂俏的幽默造型,张张都洋溢着有情人终成眷属的甜蜜。

天下父母心

　　第二场喜宴庆祝结婚 40 周年，是红宝石婚。步入酒店大厅，右侧的宴客接待处依然衣香鬓影，不过年长的宾客居多。接待处的桌面上摆着一张"传统"黑白新婚照，一对年轻的新人正面对着镜头腼腆地微笑着。我们端详了好久，都不能够很确定当晚的主角就是照片里那英俊潇洒的新郎和温柔优雅的新娘，还好酒店的告示处展示着主角们的近照，今日的老夫老妻都稍微发福，40 年一路相伴，两人也越发神似了。新婚燕尔固然令人羡慕，经过岁月洗礼的坚固姻缘亦使人倍觉温馨。

　　喜宴开始，新人旧人都在亲友夹道欢迎的掌声中入席，直接上台切蛋糕。同样一个多层结婚蛋糕，上一周与它同拍照的是 20 余岁的新人，隔一周却成了 60 余岁的老夫老妻，颇令人有光阴一晃而过的唏嘘感。对刚步入婚姻门槛的新人，庆祝红宝石婚几乎遥不可及。对已达红宝石婚的老夫老妻，当年牵着对方的手许下誓约时的感动还历历在目呢，青春却已了无踪影。

　　在红宝石婚宴上，能言善道的丈夫上台分享他们的婚姻之道，还兴起高歌一曲。这对恩爱夫妻在"两个就够了"的年代"不听话"地生育了四个孩子，如今孩子们大多成家，三个可爱的孙子在席间跑动玩乐，也帮助父母分派小礼物给来宾，三代其乐融融。

　　在家庭组织趋向小型化，人们越来越晚婚的当今社会，

莫忘我：人类学家的老龄社会观察笔记

将来迎接红宝石婚的夫妻相对之下将少有这类大家庭，红宝石婚的喜事让人们省思为何当年会有多生的勇气，如今在多管齐下的催生措施当前却裹足不前。

在持续的低生育率被正视为国家危机的时候，近来结婚不仅是个人和家族的家务事，也俨然成了国家的喜事。幸好大家一般认同婚姻的根本价值，不论是40年前或是今日，在热闹的"饮胜"敬酒礼仪上，众人对新人的祝福始终是：祝愿婚姻美满，子孙满堂。近来参加了几场新婚喜宴，我发觉新娘在致谢词时，都不忘表示希望将来子孙满堂，迎来亲友会心一笑。政府的苦口婆心，似乎发挥了些许作用。

然而要把意愿化为行动可不容易，当工作忙碌，时间与收入有限的年轻夫妻在权衡之下，会发现生养孩子的付出是不可小觑的，应该如何帮助他们实现"子孙满堂"呢？

近来在国庆期间，关于结婚生育的话题常引来多方热烈讨论，但同往年相比，最近的建议概括层面更广泛，也重新审视了以往曾提出的一些建议，如鼓励父亲更多参与，以及帮助妈妈重入职场。就在全国职工总会提出应该延长产假所引发的讨论之际，三天前行动党妇女团发表的结婚生育意见书更大胆建议让夫妇共享产假，在现有的四个月产假中，灵活允许希望参与照顾婴儿的丈夫，也可以享有产假。

天下父母心

　　以往见效不大的各项鼓励措施和奖励配套,这一回真的会扭转局势吗?政府所忧心的国家生存和人口替代的问题,会打动年轻夫妻的心吗?如不少言论提到,生养孩子本属于"自家"事,让人们意识到个人生育是攸关国家存亡的,但真正能牵动人心的,或许还是那超越金钱和时间所能够衡量及替代的天伦之乐吧。

　　日前社会发展、青年及体育部政务部长哈莉玛发出呼吁,与其继续把重点放在生养孩子的经济负担和政府的奖励配套上,不如把重点放在更基本的情感满足层面,认识组织家庭的重要性和生儿育女所能带来的快乐。诚然,个人和政府都应该回归正视家庭价值的根本,期望政府能通过更透彻包容性的亲家庭政策,去展示重视每一个家庭、每一名孩子的诚意,以打动有意愿"子孙满堂"的夫妻,不止心动,也付诸行动。

2012年8月26日刊于《联合早报·学人视角》

保家卫国

> 通过观察儿子这几个月的当兵经历,我察觉'保家卫国'意识要沉淀在个人内心深处,需要时间。

一个周末的凌晨,正在服兵役的大儿子搭上一辆的士要回家。

的士司机约60岁开外,一眼看出这平头的年轻人应该是在服兵役,就问他当兵的体验。那个晚上,儿子心情不佳,因此简短地回应:"挺辛苦的。"

一听到年轻人如此说,的士司机开始滔滔不绝地描述了早期当兵异常艰苦和严格的训练,以及福利欠佳的环境。接着他语重心长地说:"你一定会克服艰苦的挑战,因为

天下父母心

现在的待遇好多了,而且你们也比较健壮。你们现在所经历的根本不能与我们过去所受的苦相比,国家已经从我们这一代人向前进,你们这一代的确是轻松多了。现在的军训强调军人的安全,长官也较通情达理,我对这样的改变感到高兴……"

儿子说就在那一段路程上,他上了宝贵的一堂课,感谢那位前辈让他在骤然间心情开朗起来。

前辈和年轻人提到国民服役,最常说的是,现在当兵容易、轻松、幸福多了。但是对于不少在前一刻还是莘莘学子、甚受呵护的男生,下一刻就得过着强调严格纪律、挑战身心极限的军训生活,肯定是一个辛苦和需要时间适应的过程。如今的新兵训练与昔日比较已经大不同,有关单位在帮助刚入伍的新兵,甚至在帮助他们的家长了解孩子的军营生活方面,都取得很大的进展。以往的入伍日,家长(尤其是母亲)只能到指定的军营报到处,泪汪汪地送别被军车载走的孩子们。如今,家长可以和孩子一起到新兵训练营,尝尝军人的午餐,并且在那儿参加入伍仪式。

儿子接受的新兵训练在东部军营。在那两个月期间,家长除了参加入伍仪式,还受邀出席中期的说明会,以及基本军事训练的毕业典礼。当他们被调往另一所军营时,家长又再次受邀出席参加说明会及参观设施。记得最近一次,一名父亲提到他从未去过孩子的高中,想不到才几个

莫忘我：人类学家的老龄社会观察笔记

月时间就出席了那么多次兵营举办的家长会。这些说明会——解答家长提出的问题，也告知服役的儿子将会在何时出国受训等进度，一再强调军队对军人安全的高度重视。

诚然，父母最关注的是孩子身为士兵的安全。我发觉儿子与他的战友们对军队的安全措施都抱持着高度的信任，他们甚至得经常安抚父母不必过度担忧，或许这是为

前一刻还是莘莘学子、甚受呵护的男生，下一刻就得过着挑战身心极限的军训生活——感谢参与国民服役的新加坡男生们为国家的付出。（作者摄）

了解开父母的疑惑与担忧吧。此外，我也发现当兵的儿子比在平日更主动与父母通话联系，周末也尽量拨出时间与家人共聚用餐，艰苦的训练更让孩子体会到家的温暖和家人的关爱。

上个月，强化国民服役委员会委托政策研究所进行的独立调查显示，国人对国民服役的观念有了新的变化。调查列举出国民服役的八大意义，让受访者根据重要性排名，结果发现国民服役在新加坡已经发展成为一个社会体制，而不再只局限于保家卫国。列在首位的是"国民服役培养年轻人的纪律，灌输正确的价值观"，其次是"保家卫国"。

这项针对1251人的抽样调查结果引发了一些讨论，有人认为，国人在国民服役观念上的改变，在和平安稳的当今环境下无可厚非，但也有人强烈认为，人们有必要认清"保家卫国"才是最重要的国防意识，而培养纪律等等不过是为了满足军训生活所需，顺而惠及个人，为他们带来正面的改变和影响。

其实，从绝大多数人都同意国民服役有着"保家卫国"的重要功用显示，纵使国人在观念上有了新的改变，认为国民服役应有更多层面的意义，例如把男孩改造成男人、提供国民教育、建立独特的国家认同感、促进不同背景国人之间的理解等，"保家卫国"对个人仍具有重大的意义。

通过观察儿子这几个月的当兵经历，我察觉"保家卫

莫忘我：人类学家的老龄社会观察笔记

国"意识要沉淀在个人内心深处，需要时间。

"保家卫国"意味着小我的牺牲。处在与国民服役推行初期大不同的社会环境中，士兵们纵然明白他们是在挺身尽一项国民的义务，但是当他们看到同龄女生们都比他们提前当上大学生，或是在军中遇到挫折时，总不禁产生疑问："我为了什么牺牲我的青春和自由？"在自问"值不值得"之际，儿子觉得生活中所遇到人与事，往往都为他提供了反思的机会。也许是长官的一席话，或是完成挑战个人极限的任务后的那种"值得付出"的感受，甚至是列队经过公园，看到一群孩童时油然而生的保卫家园念头。

对于那一段路程与的士司机的对话，他说："那位前辈分享了过去当兵的经验，让我明白我国的服役制度已改进许多，我其实无须为一些小事而影响心情。他也让我发觉国民服役这个体制，联系了不同背景和年代的新加坡男性，身为其中的一分子，我看到一个共同的方向和意义。"

2013 年 11 月 17 日刊于《联合早报·学人视角》

让运动发光

在极为重视学术表现的环境中,要求学生在学业与运动两方面保持平衡,并不容易。

记得某年感恩节期间,我在美国与昔日同窗重聚,毕业后落户美国的亚洲朋友们一聊到孩子,话题都聚焦在孩子的体育活动。

在芝加哥的小姜家留宿期间,我对曲棍球的认识一下子提高了。他们家的儿子是高中曲棍球队队员,小姜让我们观看孩子在上一季参加州际比赛的电视实况转播录像,那是一支被普遍看好的球队,表现得挺有专业水平。孩子除了必须接受频繁的团队训练,在家也时常在设于地下室

莫忘我：人类学家的老龄社会观察笔记

的小型场地练习，认真投入曲棍球运动。

我们接着到离纽约不远的康涅狄格州小李家，同样感受到美国学生对运动持有的热忱与执着。小李家的大儿子刚上高中，他对能同时加入所热爱的篮球与棒球队感到非常兴奋；至于特地从北卡罗来纳州过来聚会的小张一家，女儿是游泳健将，虽然在度假，但她仍坚持一大早就到附近泳池自行训练，非常自律。

移居威斯康星州的中学同学淑铃经常在 WhatsApp 中提及，她每逢周末都必须长途开车接送孩子出席竞赛。我们一直没有觉察到她的三个孩子原来都是表现卓越的自行车选手，直到最近有机会与她的女儿吕子恩见了面。

子恩五月代表新加坡参加了在哈萨克斯坦举行的亚洲自行车锦标赛，比赛包括 500 米场地计时、竞轮等四个项目。她 11

2014 年 5 月，吕子恩代表新加坡参加了在哈萨克斯坦举行的亚洲自行车锦标赛。（吕子恩提供）

天下父母心

岁开始参加公路自行车赛,14岁加入场地自行车赛,2013年还荣获全美场地自行车锦标赛的15岁至16岁组别季军。

眼前的子恩温柔羞涩,一点也不是我想象中的女运动员的样子。她自小受哥哥们的影响而爱上骑自行车,由于该运动没被列入学校运动的选项,因此她都是在下课后自行练习。谦虚的她把目前所取得的一些成就归功于父母亲的支持与付出。子恩的父母不仅在经济上倾力支持,为她聘请教练,购买昂贵器材,还亲自接送她参加大小不一的赛事。这一回子恩回到亚洲参加锦标赛,一路上都有父亲无微不至的打点照料,让她可以心无旁骛,专心比赛。

诚然,体育运动能在美国的教育体系中占有独特地位,家长给予的支持和鼓励是不容忽视的因素。尽管美国校园竞技运动日趋商业化,甚至有批评指出,美国高中生在国际学术竞赛中表现平庸,是因为受到过度侧重体育运动的影响,然而多数家长还是认同体育的好处。他们认为,除了锻炼身体,丰富课余生活,体育也能培养健全的人格,提高公平竞争的意识,磨炼意志力,培养不屈不挠的奋斗精神。再者,竞技运动表现优越的学生,还有机会获取大学运动奖学金,有助减轻上大学的经济负担,对学生和家长都有好处。

近年来,新加坡家长也越来越认同体育是孩子成长中重要的一环。不少家长在孩子们学龄前就开始让他们参加

莫忘我：人类学家的老龄社会观察笔记

各式各样的运动课程，也愿意自费聘请教练，给予指导。当中有些家长，确实是希望孩子的运动潜能能获得进一步激发，但也有不少现实的家长，坦言积极栽培孩子投入运动专项，主要是为了让孩子未来能参加直接升学计划，以进入理想的中学。

在本地，学生倾向在课余上补习课更甚于参与运动是不争事实。在极为重视学术表现的环境中，要求学生在学业与运动两方面保持平衡，并不容易。

我们也发现周遭有不少例子，学生为了学业而放弃竞技运动。尽管如此，我们还是应该积极鼓励与帮助有运动潜能的孩子发挥他们的专项，无论这些孩子是在本地或是在国外，他们的父母以及有关运动的团体组织，都应获得政府和社会大众的支持，以共同实现让新加坡国旗在国际比赛中飘扬的梦想。子恩五月首次代表新加坡出赛，她的父母都很感谢新加坡自行车总会所给予的支持，与此同时，他们也看到这个总会在资源上的匮乏与需要。

子恩目前在首尔参加一项由韩国自行车总会主办、为期50天的亚洲少年选手场地自行车训练营，倾力为将于八月在首尔举行的世界少年场地自行车锦标赛做好准备。

子恩加油，新加坡加油！

2014年6月7日刊于《联合早报·零距离》

好 家 长

> 与上一代家长比较,现代家长绝对不易当;在资讯爆炸的时代面前,我们更需要坚持给孩子明确的价值观,从旁引导。家长也应试着去了解孩子的想法与观点,同时学习掌握科技,同孩子一起与时俱进。

年轻的远房亲戚小洪夫妻利用开斋节长假,从吉隆坡开车到我们家住了近一周。夫妻俩第一次带着一岁半的女儿出远门,全程都在为孩子忙碌,很少有时间悠闲聊天。

晚间听到疲倦的孩子哭喊闹情绪时,老公和我都庆幸已经远离了那一段照顾闹情绪孩子的岁月。不过,话说回

莫忘我：人类学家的老龄社会观察笔记

来，正值青少年期的孩子，哪有不令父母操心的。其实为人父母者，从未有完全放手的时候。

上个星期天在本地主办的第十届亲子大会上，社会及家庭发展部公布了一项关于家庭生活教育情况的最新调查结果。在 633 名受访家长中，有高达 93% 认为"拥有快乐的家庭生活"和"当名好家长"是很重要的人生目标。

这样的调查结果，或许不足为奇，因为在"结婚生子是个人自由"的年代，愿意组织家庭的人，自然期望家庭生活可以带给人生更多快乐；而当一名好家长，确保孩子能够在健全的环境中成长，更是快乐家庭的要素。不过我感到好奇的是，当受访者在回答"当名好家长"时，他们对"好家长"的定义是什么？

这一届亲子大会主要探讨的内容是"如何在数码时代与孩子更有效沟通"。与会者在讨论中时不时提到，处在瞬息万变的数码社会里，现代父母有必要以开通、灵活的心态，去摸索并掌握适合孩子的现在与未来的教育方式，因为上一代父母的教育方式，如今已经不适用。

其实，上下两代父母教育及养育孩子方式的代沟，早已普遍存在。年轻妈妈们在聊天时，总会发出牢骚，认为家婆或妈妈采用的方式太老土，而祖母级的妈妈们在一起时，却抱怨女儿媳妇不信任她们，"他们年轻人宁可相信书上网上所说的，却不相信我们过去的经验"。

天下父母心

新一代父母对孩子采用了不同的教养方式，这反映了社会的发展与变迁。上一代典型的家庭主张"男主外，女主内"，父亲不苟言笑，保持严肃，以维护父亲的尊严；母亲是勤快的家庭主妇，照料全家大小的起居生活，她会呼喊孩子去吃饭、冲凉、做功课，然后手握藤条督促孩子的课业，处罚不听话的孩子。

上一代的父母大多受教育不高，不会对孩子说"爱你"，忙碌的他们也鲜少有机会与孩子好好地沟通谈心。在物资匮乏的大时代，"好家长"的意义大致是指能为一家提供温饱、能适时灌输孩子做人的道理、能教导他们自力更生，且在长大后能对社会做出贡献。

新一代的父母接受的教育多了，典型的"男主外，女主内"的家庭已转型成双薪家庭。忙碌的他们一不留心，或许依然重蹈着只管孩子吃饭、冲凉、做功课这三部曲的覆辙。然而现代父母比过去更重视亲子间的沟通，他们也愿意经常对孩子说"爱你"，现代爸爸的形象已与上一代父亲的严肃形象渐行渐远。现代家庭期待爸爸能更主动，也希望他们亲力亲为参与孩子的成长。

置身在数码时代的现代父母，他们面临的挑战显然比上一代父母来得更大。从好的方面而言，互联网有助促进亲子的交流，如今无论在国内外，家人可随时通过社交网站和手机应用软件保持联系，增进感情。

莫忘我：人类学家的老龄社会观察笔记

在亲子大会上，尽管讲解员引用研究报告说明玩网上游戏的益处，例如它有助学习如何与别人相处、培养领导才能、提升阅读能力，以及掌握解决问题的技能，但是参与亲子大会的父母们更关注的是，如何帮助孩子在使用科技时，能够避免数码产品对他们造成的负面影响，例如网上欺凌、沉迷网上游戏等问题。

此外，出席者当中也有父母发出信息，提醒家长要重视数码产物对各个年龄层的孩子所可能带来的影响，并呼吁应防范数码产物成为"替代家长"。

他们认为应该恰当引导青少年对网络的使用，同时也建议为人父母者检视本身是否已让手机、iPad 等电子产品，占据了与孩子互动的时间。

与上一代家长比较，现代家长绝对不易当，在资讯爆炸的时代面前，我们更需要坚持给孩子明确的价值观，从旁引导。此外，家长也应试着去了解孩子的想法与观点，同时学习掌握科技，同孩子一起与时俱进。

当一名好家长，是漫长的终身学习目标。它没有说明书，也没有蓝图可参照，全凭用心用爱摸索掌握，无论是年轻或中年的为人父母者，道理亦然。

2014 年 8 月 10 日刊于《联合早报·零距离》

学习放轻松

诚然,能够摒除考试的压力让孩子在轻松温馨的环境中学习并快乐成长,是每位家长的梦想。矛盾的是,就算取消小六会考,全面采取直接申请进入中学的制度,也未必能保证家长的压力减轻。

小六会考前夕,携小儿子下馆子大快朵颐。

龙年出世的儿子,隔天就要"上战场"了,问他:"紧张吗?"

他想了一想回答说:"现在有六成紧张,四成兴奋,因为还没开始考嘛。考完第一科后两种心情就会减轻一半,接下来紧张的程度会降低,兴奋的程度会提高,想到考完

莫忘我：人类学家的老龄社会观察笔记

后会有多轻松就觉得兴奋无比！"

他接着说："最近在休息的时段同学们都喜欢坐在食堂聊天，都在聊考试过后要做什么咧！"

"你们还真会自我减压，今天学校里还有什么开心的事情吗？"我如平日般问道。

"对了，今天上体育课可以踢足球真开心，老师说这是我们会考前夕的体育课，特地要我们放松自由地玩！"

会考前夕，感谢老师能够轻松以对。

这次的小六会考有点特别，因为谈论得沸沸扬扬的"该不该废除小六会考"的争议刚巧就在会考月展开。不过当年第一次听到取消小六会考的建议，是早在5月的政策研究院举办的人口研讨会上，社会学家郑宝莲在探讨社会与家庭的层面时认为，小六会考对年轻家长构成压力，导致他们不敢怀孕，所以在鼓励多生育的大前提上，理应废除。当时大家都把重点投入讨论新加坡的理想人口数量，所以对小六会考的议题回响不大。倒是到了9月，随着全国对话的展开，这个争论借着教育改革的课题及国会议员在博客上的表示支持，民众的意见征集等渠道，再一次被掀起。

诚然，能够摒除考试的压力让孩子在轻松温馨的环境中学习并快乐成长，是每位家长的梦想。矛盾的是，就算取消小六会考，全面采取直接申请进入中学（DSA）的制度，也未必能保证减轻家长的压力。少了这个全国性统一

天下父母心

考试，小学入学报名时，要挤入名校和热门小学的竞争难道不会更白热化吗？DSA的制度实施至今，也间接带动了补习行业的"多元化"，除了学校的四个主要科目以外，有些家长为了在申请DSA时有更大胜算，也要孩子参与体育运动等与DSA相关联的"科目"，这种现象，恐怕届时将会更趋普遍，并更加重孩子的学习及父母的经济负担。废除了小六会考，接着必会有取消中四和高中会考的呼声，但是只要"跻身名校"等于"前途无量"的观念继续作祟，取消会考到头来只会导致热门学校或许必须另设置入学考试，以筛选太多要争相踏入门槛的学生，搞不好兜了个圈又回到压力的起点。

有友人因为畏惧新加坡的升学压力，在孩子小学五年级时移民澳大利亚。他们迁入了悉尼华人移民居多的地区后惊觉，在澳大利亚升中学的选择虽然多，但是华人移民圈子里的家长却只对几所名校趋之若鹜，认定孩子只要能够跻身该所精英中学，就表示一只脚已踏入医学院，前途确保无量。结果，他们也"身不由己"地加入竞争，赶紧先掏付昂贵的学费让孩子上额外补习班，以应付名校的入学试。

环视亚洲其他儒家文化圈的社会，新加坡"名校至上"主义的升学压力严格来说没有韩日中社会般的严峻。记得有一回，儿子参加了与北京小学的浸濡交流后，我

莫忘我：人类学家的老龄社会观察笔记

建议他与北京的小同伴继续通过电子邮件保持联系，对方的母亲却回说孩子的学习太紧张太忙碌不能分心。后来我也发觉就算是重点学校的学生，补习的情况也相当普遍。《商业时报》曾刊登本地一家知名补习中心的整版广告，面对着镜头微笑的长发少女是2011年小六会考的榜首状元，广告宣传标明她自三年级起就是那所补习中心的学生。在升学竞争中，学习能力差的学生得补习，精英学生也得为了维持和提高竞争能力而补习，看来补习大业始终是最大赢家。

  儿子在班上一直是极少数没上补习课的学生，到了小六的第二个学期，倒是一向对他的功课不多过问的家长开始紧张起来，要求他向同学们询问该上哪儿补习。经过一番斟酌后他选了附近一家新开业的补习中心，因为他觉得小班制有同学互动没那么沉闷。这所由一群年轻的前任教师所开办的中心，无论是老师或是前台的职员都很友善，经常会向家长报告孩子的进展。

  一天，离会考仅一个月，补习老师来电关心地说，孩子的态度显得太轻松，显然还不太明白会考的重要性。我觉得儿子是"男生发育比女生慢"的典型例子，所以旁人也只能干着急。

  那天，儿子轻松补习回来，我问他补习还好吗？他说："很好啊，我有几题数学题不会做，今天我学了新东西。"

天下父母心

我释然了,他已经开始掌握了什么是学习,只要教育能够培养出对学习新事物有热忱的孩子,让他们在学校和家庭的关爱下能轻松成长,不需要名校出身,只要能落实"每一所学校都是好学校"的概念,每一名孩子的潜能和发展都将会是无限的。

2012年9月30日刊于《联合早报·学人视角》

回家·归乡

回　　家

> 总有一天，当出门在外的孩子体会到什么叫想家，就表示他已在不知不觉中把父母对孩子浓浓的牵挂和爱全收在内心深处，他必会珍惜每一次回家团聚的幸福。

　　晚饭过后孩子要出门，妈妈倚在厨房门口关心叮咛，"早点回家"。

　　成年的孩子移居国外多年，习惯独立自主，偶尔回家，时光一下子倒流，妈妈又像过往一般，经常打电话催促迟归的孩子快回家，否则妈妈睡不安。

　　这种叮咛很熟悉，家婆在世时曾共处一屋，还记得我

回家·归乡

们每回出门她都不忘叮咛"早点回家"。老公说,她怎么老是把我们当小孩,这句话他从小就天天听她说。

我曾以为那不过是家婆的惯用语,如她也习惯天天操着独特的南安闽南方言对家里人说"趁热吃饭","快去冲凉",对来访的亲戚朋友说:"再来再来。"后来当了妈妈,当自己也开始不由自主地对出门的孩子说"早点回家"时,才了解到妈妈其实是把浓浓的牵挂和爱,化成对孩子回家

丽娜与女儿在位于法国东部阿萨士的老家。她曾是这个小村庄里唯一的亚洲媳妇。(作者摄影)

莫忘我：人类学家的老龄社会观察笔记

的期盼。

  青少年喜欢在外溜达，自然不时认为妈妈那"早点回家"的叮咛是唠叨。但是离家久了，人们又自然对回家另有一种向往，所以过年过节回乡的交通永远大阻塞，归心似箭的孩子，不畏路途的劳累颠簸，只望能早点挤到家，看爸妈宽心的笑容，享受回家的温馨。

  最近远嫁他乡的亲友丽娜携先生孩子回家探亲。她早已在法国扎了根，融入当地的生活文化，如今说得一口流利的法语，做得一手出色法国料理。2010 年我们在她先生的老家共度圣诞时，听她诉说 20 多年前从大都市搬到位于法国东部阿萨士的老家时的种种体验，不得不佩服这小村庄里唯一的亚洲媳妇当初为爱情的付出和勇气。

  开朗、自信的丽娜在法国家中是个忙碌的妻子和母亲，她同时也是职场女性。但乡愁难抑，起初越洋通信费昂贵，她只能每周打一次电话回家嘘寒问暖。如今不仅通信技术发达，费用也大大减少，她甚至可以天天和家中的母亲通话聊家常，还可以通过 Skype 看小外甥的成长，知道家中兄弟姐妹聚餐时桌上摆了什么佳肴。但隔空的声音和影像不时更触动思乡情绪，近年来，丽娜回家的次数比过往的两年一趟多了一些。这一回归来三周，她让先生和孩子们先回法国，自己则多待一周，清闲地陪年迈母亲清晨到住家旁的公园散步，然后上集市买菜，帮忙做家务，享受妈

回家·归乡

妈热腾腾的家常菜。丽娜与家人闲话家常，也回顾往事，唏嘘那位当年向往外面的世界而毅然选择当空姐，最终让父母牵心挂肠的女儿，如今竟是最期盼回家的那一位。回到家的丽娜，多了一份不可言喻的淡定恬然，虽然家就处在瞬息万变的大都市中，但无论城市是否变得浮华喧噪，只要收藏着年少记忆的老家依旧有妈妈在等着，那里就永远是心房深处可靠的休憩所。

要回法国的那个晚上，兄弟姐妹和他们的配偶孩子都回家聚餐为她送别，母亲特地做了几大罐的咖椰等拿手酱料把她的行李箱塞得满满的。做妈妈的知道女儿已在他乡安家，那个孙子们成长的地方同样有让女儿魂牵梦萦的另一个家，所以妈妈不奢望她久留。丽娜欣慰他们兄弟姐妹七人中只有她定居国外，妈妈身旁随时有子孙陪伴。但是随着年纪越大，对家的思念日益强烈，原来母女间的情牵，孩子对父母的挂心是不会因为兄弟姐妹多而有所减轻，就如父母，也不会因为孩子多而分薄了爱。

在全球化的时代，家有孩子出远门求学、在外地工作或结婚安家的例子屡见不鲜，通信技术的发达更让大家可以随时随地地联系和"见面"。正因为出门在外，有时父母与孩子通过科技沟通的机会反而比同住一个屋檐下时的见面交谈频繁。但是跟家人围坐在一起吃饭，谈笑风生，交换一个关心的眼神，彼此搂一搂、搭搭肩的踏实感，却

莫忘我：人类学家的老龄社会观察笔记

是无论多高超的通信科技都难以实现的窝心感觉。科技更不一定缓解得了那莫名的想家情怀。

所以，总是不由自主地叮咛出门的孩子"早点回家"的妈妈请安心，总有一天，当出门在外的孩子体会到什么叫想家，就表示他已在不知不觉中把父母对孩子浓浓的牵挂和爱全收在内心深处，他必会珍惜每一次回家团聚的幸福。

2011 年 12 月 11 日刊于《联合早报·学人视角》

灾后有"绊"

铃木虽然没有提到'绊',但却强调人与人之间需要通过不同渠道建立联系和纽带,带出要有'绊',生活才会有意义。

"3·11"大地震后的日本有什么改变?

月前趁着到东京及大阪参加学会之便,"采访"了几位朋友。其中,从事珠宝业的安田说,灾后高档奢侈品的销量一蹶不振虽然在意料之中,珠宝生意却意外的好。此外,尽管酒店业者都因为访日观光客的锐减而懊恼,却有不少酒店的小型宴会厅纷纷被新人预订,因为决定结婚的人突然增加了。"或许是人们渴望在患难当前,身边有亲

莫忘我：人类学家的老龄社会观察笔记

人可以共同面对，谁都不想孤零零地被困在废墟中吧。"安田笑着解释"震后结婚"的现象。

在东京西部一间小教会担任牧师的元山发现，灾后市面上关于宗教的书籍，比如《基督教是什么？》等入门书刊显著增加，显示向来宗教信仰意识薄弱的日本人，在灾后开始从宗教中寻找心灵倚靠的现象。

在我所出席的两个关于老龄社会课题的学会活动，主办者也都特别设计了与灾后老年人生活问题相关的讨论，大阪的学会更邀请了在灾区积极照料老年灾民的讲解员与出席者交流，帮助我们更进一步了解灾后的具体情况。

小泉郭保的老龄看护中心就设在宫城县的名取市，他说很庆幸有东部道路这条高架公路当防堤，他们的地区才未被海啸吞噬。他也庆幸那前所未有的强烈震动并没有震垮他们的建筑物，让他得以在灾后立刻把日间看护中心开放成为避难所，由中心职员负责轮流照顾前来避难的灾民。他们大多是附近的独居老人和无家可归的居民，逃难时只有身上的衣着，因此避难所的首要任务便是为老年人提供纸尿布，为大家凑足棉被等御寒用品。他详细报告了在避难所一周的生活状况，说明如何把狭小的空间分割成老年人、有孩童的家庭及健康者三个部分，着重为老年人提供安全感，让孩童有游乐的空间。除了饮食起居，职员们也带领老年人做体操，与孩童玩游戏和做手工。在粮食欠缺

回家·归乡

的困境中，邻里更发挥了互助精神，提供食材，一起生火煮食。灾后共同渡过难关的体验，让小泉深切地意识到他与周遭的人和社区间已产生了"绊"（在日文中有联系、纽带的意义）。

"做体操，保持身体健康"是接下来铃木玲子副教授的报告重点。灾后大家往往把精力集中在提供衣食住行上，忽略了这个时期也正是老年人因为疏于运动，而容易患上静脉血栓栓塞症（俗称经济舱症候群）的时候。同样深受震害的铃木，深深了解家园在一瞬间被摧毁的悲愤和无助感，她化悲愤为力量，在为灾民设立的临时住房区等地积极推广她发起的"哑铃体操"，鼓励大众，尤其是老年人引导他们持续运动，通过一起运动，重建社区互助网络，建立感情。

铃木虽然没有提到"绊"，但却强调人与人之间需要通过不同渠道建立联系和纽带，有"绊"，生活才会有意义。

"绊"是日本2011年度的当选汉字，虽然从中文来看，它容易让人联想到"绊倒"等负面意思，但在日本，这一年来，"绊"已被其他正面含义如联系和纽带所覆盖。如今，"绊"强调一个人与家人、朋友和身边不同人的纽带联系是支撑人生的关键。在"3·11"的一周年之际，灾区开始传出有令人担忧的"孤独死"和自杀事件的增加。当中不善于与他人重建"绊"、失去家人的失业中老年男性的

莫忘我：人类学家的老龄社会观察笔记

风险最高。因此协助灾民建立"绊"成了当务之急，不同援助团体，包括各宗教团体、地方政府、志愿机构，都成了"绊"的援助者，它们通过探访和各类文娱、体操等活动，激励灾民建立与他人的联系。

灾后的日本也接连有"震后离婚"趋势的增加，据说这包括丈夫在逃难时表现自私，没有顾及太太和孩子的安危，令妻子失望等原因。夫妻选择大难临头各自飞，这也表示正因为人们开始审思"绊"的重要，才意识到枕边人原来已不值得继续牵"绊"下去……

灾后的种种现象，如结婚和离婚，"孤独死"和自杀的增加，都是让人们更通过"绊"去重新审视生命的意义的机会。

3月7日《纽约时报》报道了该报日籍摄影人员增田宏美（译音）走访东北灾区的经历。长居美国的增田在目睹了灾民痛失家人的惨状后有感而发说："我开始思考什么是人生，什么是家庭。我决定应该多探望我的父母，多照顾他们。我想我应该结婚，建立自己的家庭。"

2012年3月11日刊于《联合早报·学人视角》

我家在这里

新年伊始,有些家庭成员可能已在准备,在农历新春等节日与亲戚聚集一堂聊往昔;从老一辈人的记忆中,一起追溯家族的历史,以添补并丰富家谱内容。这样的活动对每一代人,都具有特殊意义。

新加坡国立大学文学暨社会科学学院不久前成立了家庭与人口研究中心,为了庆祝中心的开幕,将于近期主办新加坡家庭研讨会。

由于我参与策划工作,有幸与新加坡族谱学会会长黄友江合作接洽,因此对由他主管、自2012年成立的族谱

莫忘我：人类学家的老龄社会观察笔记

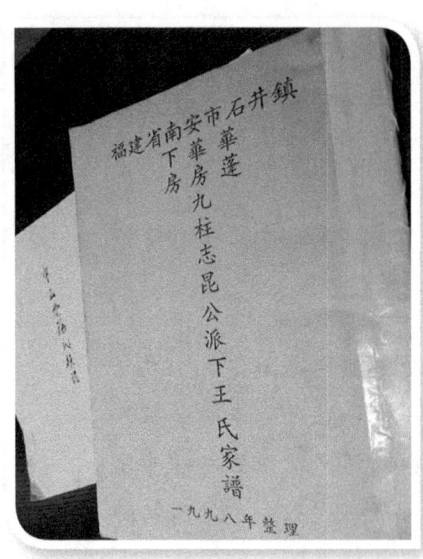

家谱增进后辈对祖辈和家族发展历程的认识，是一个扎根的过程。（作者摄影）

学会，有了进一步的认识。

不久前从报章上知悉，该学会与国家图书馆联合主办了"新加坡家族史谱写比赛"；记得黄会长当时提及，他对年轻人一概直呼长辈为uncle（或auntie）的现象，感到担忧。他曾说："年轻人对所有男性长辈直呼'安哥'（uncle谐音），但是'安哥'可以是伯父、姨丈，或邻居；若是继续这样发展下去，我们将成为无根的社会。"

近期与他会面时，黄会长再次提出他的忧虑。他非常担心本地年轻的一代将会成为浮萍，因此重申家族史谱写比赛除了可以寻根和传承家族故事，还希望能够借着这项活动，促进年轻人与祖辈间的交流沟通，增进家族凝聚力。

对于新加坡华人，尤其是中文程度不高的年轻人和英校生，查阅以中文书写的家庭族谱，往往是寻根过程中面对的一大挑战。

前段时间，友人寄来一份族谱，请我帮忙翻译。虽然

回家·归乡

我不是研究家族史的专家,但是好奇让我大胆答应尝试。着手翻译之后,发觉挑战确实不小。

友人提供的族谱,除了文件上的文字不易看懂,还必须对当时的人文历史有一定的认识与了解;理清家庭成员关系的脉络后,才能揭开族谱之谜。幸好当时适逢中国学者友人来访,请她帮忙指点,我们犹如拼拼图般地费了一番功夫,方才能理出一个头绪。

友人的族谱共记载了12代。第一代南下来到新加坡的移民,可算是九世祖的二儿子。他在19世纪中期来到新加坡,但是没有记录表明他有后裔;接着南来的,是十世祖的长子,记录显示他是在12岁时就来到新加坡,后来赴砂拉越(Sarawak)创业,1914年逝世,享年59岁。他过世后移柩至中国,安葬在母亲坟墓的侧边。他有10名子女,应属该族在南洋开枝散叶的先锋。

这本族谱记录至1967年。开始阅读时,感觉资料并不齐全。比如,当中有些没有记录年份或生祭日,关于女儿的记录(如名字,嫁给哪户姓氏人家),是从第七代起方陆续留下记录。后来有机会得到一份关于我家族的《中山堂汤氏族谱》,才发觉我的家族于1986年修订的版本更为简略,虽然记录了22代,但是由于缺乏祖辈生祭日、结婚日、埋葬地、祖牌位置等基本资料,若要追溯补正,恐怕更是不易。

莫忘我：人类学家的老龄社会观察笔记

新加坡家族史谱写比赛将于四月底截止，主办方显然意识到，到祖籍地追溯根源的困难，因此把比赛限定在从新加坡开展的家族史。与此同时，比赛也鼓励不同种族的参赛者，通过长辈的回忆追溯等方式，把家族成员的故事，以文字、录音、录像等现代科技记录下来，通过具有创意的展现方式，以家（族）谱为根基，更深入地整理出本地移民家庭祖辈独特的人生故事。

年轻人要在忙碌的都市生活中追溯家族史并不容易。但是一旦开始尝试，想方设法记录添补家庭族谱，就会感觉寻根虽然很花心思，却是一个极为有趣和有意义的过程。《联合早报》曾经报道，一名年轻人用中英文编写家谱的故事。这名称为张镇鹏的年轻人受访时说："写家谱很舒服，越写越开心，因此会继续做下去……"

对后人而言，通过家谱可以增进对祖辈的认识，同时认识家族史的发展历程，有助了解个人和家庭，以及当时的文化渊源与那个时代国家历史背景的关系，这是一个扎根的过程。

月前我与一位初识的年轻医生相约讨论一项研究之际，或许因为谈论的是老龄问题，话题不时谈及家中的长辈。

这位曾经留学欧洲多年的新加坡人，兴致勃勃地聊到从父母和祖父母口中听到的人与事。她也提及在武吉布朗坟场发现了先祖的墓碑，在认领的过程中，惊喜地与原本

回家·归乡

陌生的远亲相认了。当时并没有问她是否有在编写家族史，但是可以想象，如果她决定把家族的事迹记录下来，肯定会是一个开心的过程。

新年伊始，有些家庭成员可能已在准备，在农历新春等节日与亲戚聚集一堂聊往昔；从老一辈人的记忆中，一起追溯家族的历史，以添补并丰富家谱内容。这样的活动对每一代人，都具有特殊意义。年老一代的回忆，将获得重视；中年一代，确定了自己在家族中的位置；处于全球化时代，并对外面的世界充满憧憬、有意展翅高飞的年轻一代，他们从这个扎根的过程中，将会深刻体会到——"我家在这里"。

2015年1月11日刊于《联合早报·零距离》

归　　乡

> 爹妈要带我们回中国，目的不外是让我们亲睹他们思念的老家，也同时让我们这些在南洋土生土长的'番孩子'与远亲聚首。

要带我们"回"中国的事，爸妈已经说千百回。

中国对我们来说，是桂林山水，《末代皇帝》里雄伟的紫禁城，曾被孟姜女哭倒的万里长城。

中国对爸妈，却是依在茂密山林边的乡下，有广阔翠绿的田园，还有爸爸在南洋胼手胝足、省吃俭用后值得引以为荣的积蓄——一栋祖屋。

这一栋祖屋也是我们对爸妈心中中国之唯一印象。

回家・归乡

祖屋在我们出世以前就兴建了。

打从懂事开始，爸妈就爱指着祖屋的照片对孩子们说："这是你们的祖屋，你们的老家。"

照片上的祖屋宽敞华丽，感觉上似一座公馆，或是庙宇。大门口

能够在家乡建一间宏伟的祖屋，是"过番"人的骄傲。（作者提供）

还端端正正地站着十多个人，"这些都是你们的叔叔婶婶……"爸妈如数家珍，我们却都感陌生。

这枚照片就挂在客厅墙壁的正中上方。墙的左上方挂着妈妈的肖像，右上方则挂着爸爸的肖像。

小时候有一回在学校礼堂打球，蓦然抬头看到礼堂的舞台上方挂着一面国旗，舞台的左边是总统夫人的肖像，右边是总统的肖像。多么熟悉的位置啊，从那一刻起，我开始意识到遥远的祖屋在我们家的中心地位。

爸妈要带我们回中国，目的不外是让我们亲睹他们思念的老家，同时也让我们这些在南洋土生土长的"番孩子"与远亲聚首。然而我们听闻乡下卫生设备差，欠缺娱乐，所以都不表示向往。爸妈也担心城里的孩子们一下子受不住单调的乡下生活，所以反把回乡安排成此次中国之行的

莫忘我：人类学家的老龄社会观察笔记

其中一项。

我们与爸妈的中国游就这样开始了。乘新航班机抵达广州后，我们就在导游的照料下，马不停蹄地游玩了广州、桂林和北京。

这些远近驰名的旅游区都是生于斯长于斯的爸妈从未涉足的地方。可是当我们愉快地流连于山水、古迹时，爸妈却处处显得心不在焉。在桂林漓江，当大伙儿都涌向甲板，埋身于回绕着江河的层峦叠嶂时，爸妈却默默地坐在玻璃窗旁。纵然窗外景色秀丽如画，妈妈只是频频回首轻问："到岸了吗？"

这样的心情在北京最为显著。无论是走在故宫、颐和园、天坛、天安门广场，或是郊外的八达岭长城、明十三陵，与其夹在熙攘的游客中浏览中华古国的历代光辉、文明，爸妈宁愿在门槛边、长凳子上歇息，倦怠的神态中流露着殷切的期待，"就快回乡下了"这句话，掩盖了对文化古迹的赞叹。对他们而言，北京的吸引力在于它的下一站是乡下。

在北京的最后一天，那回乡的心情更显迫切。爸爸老是交代导游别更换航班，因为亲戚已在机场等候。午餐时间未到，大家都恭候在餐馆前，心底期望或许早点用完午餐、早点启程至机场的话，就能够早点回乡下吧。

当飞机依时从北京机场起飞后，爸妈才显然地松了一

回家·归乡

口气:在桂林,因为航空公司临时取消我们的班机而迫使我们在桂林多留一天后,爸爸尤其紧张飞机延误。

机舱里的时间如蜗牛爬行,当陆地终于隐隐在望时,爸妈都争先把头凑近小窗口,妈妈尤其兴奋,指着地面上一方格一方格的田地道:"爸妈未到南洋时,就是在这一亩亩稻田上耕种呢!"

爸妈青梅竹马,妈妈年少丧亲后就与爸爸相依为命。当乡下的日子实在挨不下去后,爸爸毅然只身渡洋谋生。当初他仅22岁,心里想着就刻苦耐劳地挨他几年,然后回乡共聚天伦。尽管几年后颇有积蓄,回乡后日子坎坷,不久生活又捉襟见肘。爸爸无可奈何,只好再次远渡重洋,在星洲的生活逐渐安定下来后,爸爸决定就此长居异乡,把妈妈与哥哥们接了来,在这块陌生的土地,与印、巫族以及中国他省的移民共同创造新的生活。

移民是多么重大的决定啊!从此子子孙孙们就脱离了你年少的生活,你在孩子们身上再也寻不回往日熟悉的童年,他们甚至不会明白你的思想,不会说你所熟悉的语言。

爸妈都下定决心把这块离家千万里外的土地当成自己的家了,从"中华民族开天始祖传派王家系"的族谱开始,到了最后几页,家谱前加了"新加坡"三个字,爸爸就成了新加坡支叶的第一世。

然而在内心深处,爸妈是想念着故乡的。乡下的日子

莫忘我：人类学家的老龄社会观察笔记

纵然曾经令人绝望，但如今回忆起来，那挖木薯、挑大粪、补上千百次的棉衣的情景，都蒙上一层浪漫的色彩。

飞机终于着陆了，踏着故乡的土地，行动不便的妈妈也脚步轻快起来。来接机的亲戚们已在出口处招手呼唤，一步出闸机口，我们就被热情包围。孩子们是第一次随同父母回乡，可是我们已经开始感觉到那一股震撼心弦的亲情，那一种"归来"的感动。

租来的小巴士都载满了自己人和行李，从厦门机场驶抵沙泥地的乡间路口时，天色已经暗淡，我们下了车，在手电筒的照明下步入羊肠小道。爸妈耕种过的稻田就在眼前，不远处的山峰投来邃黑的影子；我抬头望天，正是繁星点点，爸妈就在这大自然的怀抱中度过青春岁月。

挂在家中那照片里的祖屋昂然呈现眼前，昏黄灯火下的它显得壮阔宏伟。爸爸欣悦的神情中间夹着唏嘘感慨："我们到家了，孩子。"

夜幕下爸爸与祖屋共伫立。爸爸的年龄是祖屋的两倍以上，祖屋也已30多年了；然而他们都丝毫不显老态，在漫漫人生中自呈一股自信、正气凛然的气质。

屋子里闹哄哄的。乡下人家睡得早，我们这次漏夜而至，着实打扰了他们的生活节奏。屋子外噼噼啪啪的爆竹声响彻云霄，爸妈在和叔叔们谈着在乡下的活动：得去路口的村祠上个香，到祖父祖母的坟墓祭拜，参观参观亲戚

回家・归乡

们新盖的房子,去村里唯一的小学校走走……妈妈突然转过身说:"带你们去看老屋,哥哥就在那儿出世,我用过的灶子听说还在那儿呢!"她眼眸子里沉湎着美丽纯朴的回忆。

亲戚们都接二连三地来打招呼。他们都操着爸妈说的福建口音,连两颊冻得绯红的小孩儿也不例外。这下子我们的新加坡福建话都显得稀奇了。

亲戚中大多数是素未谋面的叔婶堂侄,可是握着手,搭着肩,在寒暄中却感觉已相识数载。

在一片喜洋洋的气氛中,蓦然发觉原来我们拥有比想象中还要众多的亲人。在温馨的亲情中,我突然有股欲哭的冲动。

这一次回乡,我们认识了爸妈的故乡。从此,中国对我们有了一层新的意义。

1992年7月26日刊于《联合早报·文艺城》

那些年……

细水长流

无论置身哪一个文化体系的学子生涯,多年以后,细细回首,不难觉察:当年与你同享欢乐,共承忧愁,陪你看蓝天逐海浪的同窗,或多或少造就了今日的你。是那时的交心,使重聚有了特别的意义。

　　托福于互联网的普及与 Facebook 等网站的成立,近年来得以与久违了的老朋友恢复联系,大家兴致勃勃地建议找来昔日相知团聚叙旧。
　　这令我不禁想起父亲每逢过年与一群小学同窗聚餐。他们可是 60 年前的同窗呢!父亲 1949 年从广东省过番后

那些年……

上过好几所小学,只听过他与其中一所小学的同窗有聚会。他们是父亲抵新后在第一所学校当插班生时结识的,大多同是客家人。虽然这所曾坐落于直落亚逸街,由应和会馆创办的应新小学在1971年已停办,父亲的同窗聚会却不曾间断。看着一群已晋升为祖父母的老同学亲切地共聚一堂,谈笑风生,虽难想象他们的年少模样,却能感受到他们如汨汨流水般永恒的同窗情谊。

互联网方便联系与寻人,加上人们普遍长寿,同窗聚会有明显普及化的趋势。一位日本老先生告诉我,他的高中同窗聚会在60岁以前是四年一次,60岁以后因为大多退休了,改成年年团聚。他唏嘘地说,中间有校友辞世,令彼此更珍惜仅存的时日,虽然分布各地,但他们都不畏舟车劳累,踊跃地出席。悉知有些同窗聚会更是每一两个月就举办一次,成为赋闲在家的退休人士一项不可缺的社交活动。能够经常与老同学共聚,缅怀旧事,享受美食,唱唱卡拉OK,如此轻松畅快的时光,怎能缺席呢?

校友聚会的普及,可从日本餐馆所提供的配套服务中领略一二。我在网上浏览了几家日本餐馆的"同窗会配套",他们的服务细心完备,除了包办餐饮外,也协助顾客设计与印刷邀请函,负责当日的团体照,以及提供所需的音响器材,包括卡拉OK唱机,甚至是过时的卡带播放机。眼

莫忘我：人类学家的老龄社会观察笔记

明手快的餐饮业者，看来已意识到，同窗聚会在老龄化社会中大有消费潜能。

同窗校友的相聚，和其他聚会有什么不同？聚会嘛，不就是聚在一起，喝喝酒，聊聊天，谈谈近况，而与老同学聚会，是否仅不同于在话题中互缅昔日共读情景的怀旧情怀呢？人类学者池田启子在研究美国高中同窗聚会后坚信，校友聚会不单是为了让老同学能借共同的回忆缅怀年少，其实还含有更深长的意义。她认为，同窗校友聚会制造一个机会，通过已不复存在的共同回忆，与现今不再相干、各奔东西的生活相逢，不知不觉中，起着催化个人对人生的反思，诠释人生意义的作用。

美国高中是社会的缩影，它让少年人透过高中生涯的体育竞赛、领袖选举、啦啦队长的试镜、毕业舞会等活动，学习到规范，被塑造成社会所认同的理想个体。而通常在毕业后每五年或十年方举办一回、颇有组织规模的高中同窗校友聚会，也堪称一般美国人都能认同的文化。以这类聚会为背景或题材的众多小说、电影、漫画与研究出炉，更显示它在美国人心目中的特殊地位。

校友聚会不如家庭聚会般有着长辈亲戚的牵制，个人的出席完全属于自愿性质。美国的高中同窗校友聚会一般能达到三至四成的出席率，很多时候人们带着战战兢兢的心情出席，想知道昔日同窗近况，看看当年那些高傲自大

那些年……

的家伙是否已改变？又担心被同学们比下去，或已被遗忘，也在意应该留下什么"新"形象……所以，市面上才会出现如《高中同窗校友聚会节食计划：如何在 30 天减掉 20 年？》等自助书籍。

池田启子认为，美国的同窗校友聚会令人瞩目，是因为美国高中生涯的特殊性，以致当地高中生在时刻遭受四周同学们批判与评估眼光的大体系中，必须靠着不懈的努力去争取友情、爱情，以及受人欢迎。

在漫长的学习生涯中，高中生涯无疑是个艰难的人生阶段，得面对升学压力，经历激烈竞争，也会初尝恋爱、失恋等感情问题。然而，每一个学习阶段都是自我的挑战，小学生也有面对压力的时候，父亲当年刚进入一所陌生的学校当插班生时，连一个英文字母都不会念。

我想，无论置身哪一个文化体系的学子生涯，多年以后，细细回首，不难觉察：当年与你同享欢乐，共承忧愁，陪你看蓝天逐海浪的同窗，或多或少造就了今日的你。

是那时的交心，使重聚有了特别的意义。

脍炙人口的新谣《细水长流》把少年情谊表达得最贴切，送你最后一段歌词：

人生的机遇千百种
但有知心常相重

莫忘我:人类学家的老龄社会观察笔记

人愿长久水愿长流
年少时候

2009 年 12 月 20 日刊于《联合早报·学人视角》

《细水长流》的原唱者——梁文福、刘瑞政和王邦吉——珍惜 28 年后能够在梁文福作品演唱会 2015"友情的细水慢慢流"中再次一起演唱。(作者提供)

新谣・心谣

那真是一场愉快温馨的飨筵，会场上座无虚席，观众们随着歌手们的说说唱唱，以欢笑、以感动共同缅怀过去的成长岁月。

　　母亲节的傍晚，携着母亲和孩子去赴新谣30周年的盛会。

　　那真是一场愉快温馨的飨筵，会场上座无虚席，观众们随着歌手们的说说唱唱，以欢笑、以感动共同缅怀过去的成长岁月。虽然整场演出没有中场休息，终场时已略过午夜，但是大家都不在乎，只管尽情地享受在悠扬的歌声里，连受英文教育、70多岁的母亲，虽然鲜少听华文歌曲，也同样乐在其中。

莫忘我：人类学家的老龄社会观察笔记

学府和联络所是新谣小组发起和观摩演出的温床。（王邦吉提供）

那些年……

倒是小儿子,在爸爸有份参与的雅韵小组演出完毕后,他就开始频频追问几点会结束,问累了倒头就睡。

大儿子则十分配合,随着节奏拍掌,跟着众人挥动手机,蛮有兴致地听完全场。不过,除了雅韵小组(因为家里是他们的练歌场所),整个晚上的歌曲与歌手对他而言都是陌生且遥远的。当主持人兴奋地介绍第一位当年凭着《恋之憩》创下了本地歌曲排行榜纪录的个人歌手姜鄌时,他问,那人是谁?当新谣界举足轻重的代表人物梁文福出场时,他想了一下突然说,我知道这个人是谁,他就是摆在家里的旧唱片封套上站在爸爸右边的那一位!

孩子们都出身于传统英校,即便我们在家里尽量使用华语,还是抵挡不过现今华语教育程度降低的大环境。17岁的大儿子酷爱听歌,但只是听英文歌曲,最近终于开始注意起周杰伦的歌曲,前一阵,我们很惊讶他说知道费玉清,原来是他听了《千里之外》。

20世纪八九十年代出生的本地年轻人,对新谣没有什么概念并不足为奇,幸好有"弹唱人"的执着,近来这个组织通过主办"新谣再飞"歌唱比赛等活动,积极在年轻人当中推广新谣。

新谣30周年演出散场之后,我与儿子一同分析新谣为何如今不盛行。现今受过正统音乐训练的年轻人肯定比当年多,为什么已无法再次掀起当年的华文自创歌曲风

莫忘我：人类学家的老龄社会观察笔记

潮？儿子认为那是因为全球化和商业化的趋势，影响了年轻人的音乐口味。

的确，除了欧美和港台的音乐，自90年代中期以后，日韩的偶像歌星和歌唱组合也接踵充斥市场。不过，新谣的崛起不也应该归功于全球化的功劳吗？因为当初若没有台湾校园民歌的影响，新加坡或许就不会有华文自创自唱歌曲的时代。当然，这也关系到新加坡年轻人的华语表达能力。20世纪70年代末至80年代中，新加坡教育正处于大变迁的动荡阶段，那是"传统华校"和"华校生"的末期，若当年的年轻人单单有写词的热忱，却缺少了深厚扎实的华文基础，今天就不会还流传着首首脍炙人口的新谣。

另外，当年传媒等各界的支持也是促进新谣发展不可忽视的推手。学府和联络所是新谣小组发起和观摩演出的温床，以1978年一群华中初级学院的学生为例，为了参加当时学院的国庆歌唱比赛而组成雅韵小组，由于适逢新谣萌芽阶段，他们除了在校内演出，也自然而然地与在形成中的新谣圈子接轨，参与了如裕廊初级学院的"地下铁之夜"等不少在学府和联络所等处的演出观摩会。就像其他小组，雅韵后来也多次参与了电视台和电台的演出。回忆起来，他们特别感谢第三广播网的林子惠主持的《歌韵新声》，这个节目提供了一个渠道，让年轻人把新谣作品

那些年……

定期介绍给听众,《歌韵新声》也成了一代人的一个集体回忆。

孩子问,那看来1980年就已有校园自创歌曲,为什么说今年是新谣30周年呢?

我记起在很久以前曾经参加过一个由《南洋商报》主办,名为"我们唱着的歌"座谈会。那时的讨论后来刊登在报章上,标题是《弹弹新谣·谈谈新谣》。在那次的座谈会上,一群年轻人正热烈议论,台湾有台湾民谣,我们应该为自己创作的歌曲冠上什么名称?这时,有一位女生抛出了"新谣",大家经过一番讨论后,认为那可以作为"新加坡民谣"的简称。就从此把它确定为"新谣"。那是1982年9月4日。

其实当时的创作歌曲,都是在描写一般年轻人的情怀,因此那位女生最初想提的,并不是这个"新"字。事隔三载,新谣在一代人当中,倒也渐渐成了满有怀旧情怀的心谣。

30年后,我们的孩子会有什么样的心谣?

2012年5月20日刊于《联合早报·学人视角》

回 校 日

> 其实，不论学校的规模如何，是传统华校或是其他，一所学校的停办、迁移、合并等经历，多少都反映了时局所趋的无奈。

最近出席了两个小学校友聚会，都是大型的重返校园故地团聚活动。一个是去年12月29日，南侨校友会在金炎路旧校舍礼堂所举办的"回校日"；另一个是在两个月前，由应和会馆主办的应新校友回返旧日学堂的团聚。

南侨"回校日"的校友包括了南侨附小、中学和高中部的毕业生。南侨中学在当时只收女生，因此对我和其他没有继续留下念中学的小六男女毕业生而言，南侨校友聚

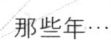那些年……

会自然是我们的小学聚会。近年来,感谢隔壁班的男生,特别是李怡晖同学的倾力联系与组织,同届同学们开始了聚餐与拜访老师的活动。

我们这一届在20世纪70年代入学的同学,是南侨附小第一届年中班学生,其特点是我们都提前六个月入读小学,入学条件仅须是在一月至五月底之间出生的适龄儿童。我们在五月参加小六会考,最怀念的就是会考后那整个学期轻松自在上学的时光。可以想象,如果这样的制度如今还存在,那半年恐怕将是我们的"中学先修班"。我毕业后鲜少回母校,对校友会此次安排在那空置十年的旧校舍举办聚会,我自然地与其他千名出席的同学一样,充满了寻找昔日回忆的期待。

多年以后回到如今已成为商业和商业学校用途的校舍,感觉陌生又带些许熟悉。校舍底层两端的食堂与我们玩耍排队的长廊,如今都已改装成教室或办公室;长廊外的小水沟还在,很难想象当年的我们是如何在休息时间后,整齐地面对面蹲在小水沟边刷牙。偌大的篮球场和200米的跑道已经修建为停车场;礼堂的变化最少,这里曾经是我们举办周会、打羽毛球和乒乓球,以及合唱团、舞蹈等课外活动团体集合练习的地方。南侨附小是少有的开办下午单班制的小学,因此礼堂和毗邻空地(中正中学分校旧址),在上午中学部下课前,便成为"关"住小学生的场地。

莫忘我：人类学家的老龄社会观察笔记

应新校友团聚于昔日礼堂。（作者摄）

一到中午时分，这两处是全校最吵闹的角落。环顾四周，想起如今在一所热门学校任职的同学说，长大后才觉察到母校当年的设备很齐全先进，校舍舒适宽阔，甚至可以媲美现今的学府。

在这之前，我曾陪同父亲回到他的母校出席校友团聚，感觉两所母校校舍的对比极为有趣。

由应和会馆创设的应新学校（1905—1969），是继1849年设立的崇文阁和1854年成立的萃英书院，这两所

那些年……

同由福建先贤所设立的学塾之后而诞生的新式学堂。虽然它是新加坡最早期的新式学校，但是由于校舍设在如今已被列为国家古迹的应和会馆里，感觉颇像个古色古香的旧式学堂。当日出席母校聚会的百余名应新校友，据悉年龄介于56岁至83岁，大伙儿济济一堂，场面温馨。我的小学校舍庞大，因此不解仅两层楼的会馆在当年是如何办校的。父亲的同学许叔叔从容地解释说，我们现处的大堂和天井的地方是学校礼堂，是举行周会的地点，该层楼还有两间课室。到二楼参观时，父亲说在他的印象中，楼上至少有六间课室和教师休息处。接着父亲的同学黄彬华叔叔澄清，本馆只能算是学校三分之一的面积，会馆右侧的"五城福地"（即安放梅县、兴宁、蕉岭、平远、五华先人灵位的祠堂）上下楼也都设有课室，不过30多年前由于道路扩建而被拆除。此外，对面已是高楼的地方曾经有个篮球场，是学生进行体育活动的场所。

应新和南侨坐落在市区，都是由宗乡会馆兴办的传统华校，它们和其他传统华校一样，都曾经面对环境变迁的艰难挑战。1969年，应新学校在创立64年后，由于市区人口的迁移，加上华校渐渐不受家长欢迎，最终因招生不足、无法维持而成为历史。南侨也同样在创校40多年后，于20世纪90年代面对学生锐减的困境，幸好有庄淑芬会长领导的校友会对保校的坚持不懈，教育部适时推出的新

莫忘我：人类学家的老龄社会观察笔记

"学校管理模式"，以及福建会馆做出接受建议迁校的重大决定，南侨中小学得以在2001年搬迁到盛港新镇，继续发扬光大。

其实，不论学校的规模如何，是传统华校或是其他，一所学校的停办、迁移、合并等经历，多少都反映了时局所趋的无奈。但不论哪个年代的校友，都希望能有机会重游昔日母校，寻觅承载了当年无数记忆的角落。

多年以后仍能有机会在旧日校舍与师友共聚，真是应新和南侨人的福气。

2014年1月12日刊于《联合早报·学人视角》

一首歌，一个故事

> 我越来越喜欢卡拉OK了，因为每一首歌都是一个故事，每一首歌都在诉说着一个年代、一种情怀。

我会爱上卡拉OK都是托地理研究学会的福。

当初加入地理研究学会，顾名思义是要增广见闻，扩大视野。这一点我们是做到了，我们一周开三天会，活动室的地点是那么窄，却堆满了地图及书籍。开会是为了讨论周末的活动，如走访一个小市镇，步行巡回某个富有历史价值的市郊。为了这些活动，会员们都分别收集资料，有人负责神宫历史，有人负责石头土壤的分析，有人讲解宫坟墓地……

莫忘我：人类学家的老龄社会观察笔记

但是认真履行学会的宗旨不过是我们众多活动中的一环。我们最常"主办"的活动有 Kompa。我开始也不甚明了 Kompa 的意思，特地查了字典后才知道那是指社交聚会。由于我们的 Kompa 都属内部活动，所以圈子极小，除了十来位现任会员，还有几位已经踏入社会的老会员外，我们都不会因为女孩子太少而开口邀请其他学会的女孩子参加。当然我们的社交聚会并不指那种燕尾服加鸡尾酒型的高雅社交，我想把 Kompa 称为"大吃大喝会"实在是有过之而无不及。别的学会或许会因为女生众多的关系而比较含蓄，我们的学会由于只有两位女生（我和韩国的留学生贞淑），那些男生简直对我们一视同仁，Kompa 时一定会先上居酒屋吃日本料理，喝日本酒及啤酒时也毫不客气地往肚子里灌。

学会的男生是典型的现代日本大学生，他们大多喝酒，有的抽烟，差不多每一个人都在兼职：有的当家庭教师、补习学校教师；也有的在快餐店、餐馆当侍应生；有的甚至当搬运工人，任职于运输服务公司。他们大多在外租了一间 1LDK（即一间房加上厕所、厨房及用餐室），拥有一辆电单车或轿车，可以运载不超过 200 公斤人或物的可爱小轿车。大学时期对他们来说是唯一能畅所欲为、尽量享受人生的阶段时期。

"我就要开始准备投考入大公司或政府机构，唉，一想到这种考试，就不禁回想起高中联考那段痛苦岁月。"

那些年……

大四的铃木洋平就曾那么说。或许是对比过去高中联考的煎熬,大学考试一般上都对学生放松,期末考有时只以交报告了事,有的考试前老师让你预知题目准备。总之考不上,或是大学生因为考试压力而自杀,这种新闻是绝迹的。

这种轻松自在的学习环境直接刺激了 Kompa 的频繁及多样化。学会的 Kompa 也绝不止于在居酒屋里的大吃大喝,付了账后大家会很自然地往卡拉 OK 去——有时是大家围着柜台的酒吧;有时是围坐着听邻座女生上台摆摆唱唱的酒廊;有时呢就索性去卡拉 OK House,那种一间间的私用小屋,里头有沙发、小舞台,有自己投入硬币操作的伴唱机,还有供人自由选择的灯光效果——半明半暗至迪斯科灯光。

学会的男生都爱学歌手唱歌,借着醉意,更是模仿逼真。现任会员大多双十年华,唱的歌曲当然多数是节奏轻快的时下流行曲目。老会员们却喜欢老歌,那是他们学生时代的流行歌曲。

老会员比嘉秀男经常唱那一首《再看一次草莓白书》。他已经快 40 岁了,仍旧是位单身汉。很久以前毕业后他就当了公务员,或许是缅怀学生生活,或许是单身无家庭拖累,他经常出席我们的 Kompa,还经常掏腰包请我们这群小会员。

"为什么喜欢这首歌?"在一次的卡拉 OK Kompa 时我问他。喜欢一首歌的理由可以很多,譬如因为它旋律优美,因为我的女朋友最喜欢这首歌,因为我喜欢那位歌手,

莫忘我：人类学家的老龄社会观察笔记

当然也可以没有任何理由。

"因为这首歌代表我自己。"他说，讲话时神情凝重，如在唱这首歌时般认真投入。"我大学时期是名学生运动分子，就如这首歌的画面一样，我们罢课，抵制警察；高呼反美殖民统治；上街示威游行……"

《再看一次草莓白书》这首歌是述说着两位学生旷课去重看《草莓白皮书》，一部关于美国大学生运动的电影。

"那时我蓄了长发，胡子也不修，和许多学生在学生集会里呼喊口号，决定以学生的力量来改革社会。结果都与歌曲内容一样。"

歌曲的结尾是："当我决定就职时，我把长发剪了，因为我不再年轻。"

我不能想象眼前斯文的比嘉先生，曾经长发披肩，不修边幅。

"我也同居过。"他说。那时小他两届的老会员崎原正在唱着《神田川》，听说这首歌曲在 70 年代同居热潮时曾经风靡一时。

"如《神田川》，我们都是穷学生，共栖于一间狭窄的小房，连洗澡的地方都没有呢！我们经常一起去澡堂。"

在《神田川》的歌词中，女孩总是比男孩先走出澡堂，她在风中等他，在寒风中颤抖，连握着肥皂盒的手也悸抖了，听得到肥皂在盒子里摆动的"咔嗒咔嗒"声。

"我们最终分离，她的父母一知悉我加入学生运动，

那些年……

就不允许我们来往……"比嘉先辈一定是非常怀念她,所以一直保持单身吧!

"现在的学生毕竟不能了解六七十年代时候的学生情怀。"他呷一口啤酒,目光扫过他眼中的小家伙们。

这时大三的石野正在唱着 Yumin 的歌曲。Yumin 的歌曲一向大受学生们喜爱。她自 70 年代中期开始写曲唱歌,真正脱颖而出却是在 70 年代末期——日本经济迅速发展、国民日益富裕的时期。那个时候人们开始强调现代都市生活,摆脱穷困的阴影;学生们也趋向物质享受,追求清新洒脱,而不再向往 70 年代初期那种嬉皮士似的潇洒。

"我们在电话中约好,我在车站等你,等你开车来接我……"石野很陶醉地唱着,大伙儿也和着节奏拍掌,欣赏他的歌声。

我越来越喜欢卡拉 OK 了,因为每一首歌都是一个故事,每一首歌都在诉说着一个年代、一种情怀。

1991 年刊于第 15 期《过客小站》
2015 年 8 月 8 日修订

附注:1988 至 1989 年间,我到琉球大学当了一年的留学生。那一年,靠着卡拉 OK、电视连续剧、Kompa……日语进步神速。怀念那一段在冲绳的学生时光,因为冲绳,我对日本有了另一层的认识。

人文探索·情怀

巴厘岛的诱惑

> 这些日本女性却可以为了心中的那一份震撼而豁出去，毅然离开工作岗位，全情投入心目中的世外桃源，这般勇气令人折服。

朋友知悉我刚从巴厘岛做田野调查回来，纷纷聊起过去游巴厘岛的见闻。除了眷念那儿的碧海沙滩、田园景致外，有趣的是，他们都观察到巴厘岛特别受日本旅客青睐。

一位朋友忆起十年前在巴厘岛遇到过好几名日本年轻女性，她们有别于一般仅逗留三五天的观光客，而是在岛上短期停留，学习巴厘传统乐器、舞蹈或绘画艺术。他所提到的日本女性正是我们深感兴趣的对象，说不定当年与

人文探索·情怀

日本媳妇和巴厘丈夫都认为孩子本该在美丽的乡野自然中无忧无虑地成长。（作者摄）

他偶遇的日本姑娘还留在巴厘，成了岛民的日本媳妇，还接受了我们的访谈呢。

虽然同事三佳与我在踏足巴厘岛之前，早已听闻当地的日本女性人数超越男性移民，却没料到如此轻易地就遇上不少日本媳妇。如今岛上约有2000名日本人常住，据当地日本领事馆人员估计，过去三年来，每年约有100对日本人与巴厘岛人通婚，其中超过九成是巴厘岛男性迎娶

莫忘我：人类学家的老龄社会观察笔记

日本新娘。虽然过后有不少丈夫随着太太移居日本，但在岛上生儿育女，甚至住进乡下的婆家，转信兴都教，每天参与奉祭，成了名副其实的巴厘媳妇者也为数不少。

巴厘岛，还有当地男人到底有什么迷人的魅力呢？为什么日本女性宁愿舍弃繁华的大都市到偏僻的乡下落户呢？日本农村几十年来一直闹"新娘荒"，搞得农村单身汉必须跨国寻觅媳妇，然而，可爱的日本姑娘却怎么乐意嫁到遥远的穷乡僻壤落叶生根呢？

我们在乌布（Ubud）村遇到的日本媳妇，大多是到巴厘岛旅游时，不由自主地迷上了这片土地。她们对乌布情有独钟，因为这个巴厘岛的文艺心脏，仍保留稻田遍布、民风淳朴的田园风味，让人产生回归自然的感动。都市人尽管厌倦了熙熙攘攘的生活，最多找个度假胜地，远离喧嚣逍遥几天，借此洗涤疲累，再回都市拼搏。然而，这些日本女性却可以为了心中的那一份震撼而豁出去，毅然离开工作岗位，全情投入到心目中的世外桃源，这般勇气令人折服。

沉浸于艺术的学习之时，她们也学习印尼语，积极融入当地风俗文化，爱屋及乌，自然而然地与当地男性结伴相爱，共结连理。她们形容自己的另一半是热情和善良的巴厘岛人，虽然没有高学历或高收入，却有着令人欣赏的艺术细胞，以及对生活的热爱。当日本政府对每况愈下的

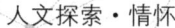

人文探索·情怀

婴儿出生率束手无策时,在巴厘的日本媳妇很快地生养孩子,并坚信孩子本该在美丽的乡野自然中无忧无虑地成长。

日本媳妇分布在乌布各个村落里,有些生活条件贫乏,厨房里未置煤气炉、冰箱和洗衣机等现代生活设备,仍得天天烧柴做饭。她们不讳言,虽对巴厘岛风土人情颇有认识,入门后还是面对不少文化冲击。巴厘岛的社会结构系统独特,每户人家与村户单位的自治组织(Banjar)都息息相关,一个女人嫁为巴厘岛人之妻,等于嫁入那个村庄,得遵守村里传统的繁文缛节,包括参与频繁的寺庙祭典,亲戚邻里的喜庆丧礼,还得经常亲手准备迎神驱邪的物品和供祭品,日子不见得优哉游哉。

当然不是每段日本女性与巴厘岛男性的婚姻都是幸福美满的,当中也有女性因为不能适应落差太大的生活条件,甚至觉得村庄与家族的要求太烦琐,加上价值观不一致等问题,最终以离婚收场。巴厘岛上的人一般认为日本女性很富有,很容易受骗,结果有些女性遇人不淑,被一些别有居心的男人以结婚为饵,骗取了钱财和感情。

幸好在岛上长期居住的铃木先生说,这样的悲剧实属少数,在乌布,离婚的个案也比巴厘省首府登巴萨市(Denpasar)来得少。铃木先生1978年初访乌布,流连忘返,成为常住乌布的第一名日本人,他对村里30年来的发展了如指掌。据他估计,乌布有两百名日本媳妇,其中不少

217

莫忘我：人类学家的老龄社会观察笔记

是女主外男主内，由精明能干的妻子赚钱，让先生负责照顾孩子。因为有了日本媳妇的经济参与，乌布这20年来的确改变了不少，不但商店和旅舍多了，其中一些由她们经营的店铺蛮有心思和特色，为旅客带来许多意想不到的惊喜。我们最惊讶的是，可以在这里品尝到地道可口的日本餐！

一天，我来到一家坐落在稻田中的日式餐馆，餐馆的老板是一名嫁入巴厘岛已十多年的日本媳妇，我们谈着谈着，她头一斜，目光落在夕阳余晖中的稻田景色，一脸恬然，"我当然会在这里终老，谁会舍得离开呢？"

2010年1月24日刊于《联合早报·学人视角》

茶的陶冶

> 在深厚的茶道思想和追求里,小堀宗师以深入浅出的方式,轻松地通过一碗茶的交流,带出了茶道陶冶情操的内涵。

　　八月对系上日本茶道学会的学员而言是个特别的月份,因为每年这个时候,远州茶道宗家第十三代掌门人——小堀宗实宗师会亲自到新加坡给学生授课。新加坡国立大学的日本茶道学会和远州茶道的机缘,始于20年前与第十二代宗师的一次邂逅,此后,本着通过茶道这个日本传统文化来促进国际文化交流的原则,远州茶道宗家开始每几个月特派导师来新为学生提供义务指导。

莫忘我：人类学家的老龄社会观察笔记

今年是远州茶道与新加坡交流的第20个年头，日本茶道学会和远州茶道宗家联合日本驻新大使馆和日本研究系及校友会，特地在八月举办了一系列纪念庆典活动，包括小堀宗师的公开演讲，以及在日本创意中心主办的公开茶会和儿童学堂。

小堀宗师采用了他设计的可折叠式"立礼"桌式茶道形式招待客人，为茶会增添新鲜感。（作者摄）

我虽然出身日本研究领域，对茶道却认识肤浅。纵然了解日本茶道重视通过品茶陶冶情操，提升文化涵养，但每逢跪坐在挂着字画、有插花装饰的雅致小茶室时，总觉得拘谨不自在。看着身穿和服的茶人以娴熟的程序专注备茶时，脑海里就不禁急忙温习着茶道的礼仪和规定步骤：要先把点心吃完，双手接过茶碗后，轻转茶碗几圈，要对献茶者说什么，如何还礼，该分几次喝完，饮毕得记得欣赏茶碗的花纹图案，用什

人文探索·情怀

么感谢词等；只记得茶会结束后，虽然双脚感觉麻痹，但如释重负。

不过，2010年小堀宗师的演讲和茶会，让我在两方面对茶道的精神有了一番新体会。首先，日本传统茶道在讲究特定的程序和仪式上，虽然体现了

幼儿园的孩童在学习品茶。（作者摄）

日本文化一丝不苟的坚持，但也有表达开放精神的一面，颇印证了《菊与刀》这本谈论日本文化论的畅销书中所提及的日本民族的极端并存性。比如远州茶道不仅采用日本产的茶碗等茶具，也从中国、朝鲜甚至欧洲输入茶具，甚至有的擦茶具的绸巾绣了十字架图案。这些茶具的特别图案和色彩，以及出产地，也成为茶会中的有趣话题。

再者，日本茶道虽然予人恭谨地跪坐在榻榻米上沏茶献茶的印象，其实在明治五年（1872年），千家茶道流派就已发明了称为"立礼"的桌式沏茶形式，让主客坐在椅子上品茶。随着日本社会的老龄化，"立礼"的形式将会日愈普及吧！

接下来，在指导幼儿园的孩童品茶时，小堀宗师一再

221

莫忘我：人类学家的老龄社会观察笔记

强调别被茶道的规则所束缚，先从三句日本词句入门，认识茶道的精神。第一句是在品茶前对旁边的人说"不好意思我先饮用"，这表示我们应该关注、接纳周遭的人，存敬重并为他人着想的心。第二句是喝了一口茶后说"非常可口"，这是对备茶的人的称赞，就算觉得茶艺欠佳，也该以鼓励的心说出这句话，因为称赞的话会激励人们的成长。第三句是喝完了茶后说"谢谢您的款待"，这不只是对眼前沏茶献茶的人表示谢意，也包括对种茶、制作陶器、建造茶室、清扫庭院的人甚至大自然表示感激，显示要时时对在各方面支撑着我们的一切存感恩的心。

　　拥有悠久历史的日本茶道一向被日本人视为有益于修身养性、促进平等和谐的传统。在深厚的茶道思想和追求里，小堀宗师以浅入深出的方式，轻松地通过一碗茶的交流，带出了茶道陶冶情操的内涵。

　　在场的家长们也兴致勃勃地和孩子们一起学习用日语说这三句话，我们大人不也需要一再被提醒，要处处为他人着想，多称赞别人和存感恩的心等这些跨越文化、宗教的基本做人道理吗？

2010年10月3日刊于《联合早报·学人视角》

旅　　季

>
> 能够出国旅游真是令人赏心悦目的事，如果要总结可以从旅游中学到什么，对我而言，那就是要放松心情面对人生。因为世界那么大，你的烦恼算什么？

步入正月，暂别旅季。

称年底为旅季，一点也不为过。十二月的交通有明显舒缓的迹象，平常上班需要30至40分钟，到了年底，竟然不超过20分钟。十二月的电子邮箱总有"我在放假"的自动回邮通告，放假的人有不少度假旅行去了，近则马六甲或吉隆坡，远至欧美，出国旅游已成为国人告别旧年的热门方式之一。

　　一项关于旅游和新加坡人的报告总结说，我们的生活方式已离不开出国旅行，而旅行时美食与购物更是缺一不可。当我们的旅行"习惯"随着经济的好转而愈加普及时，受国人青睐的邻近地方也大大受惠。周末去马六甲的鸡场街逛，真是人山人海，四处是新加坡人，碰到熟人都不足为奇。有趣的是，很多人都选择住在贵都酒店，理由是购物饮食皆方便，难怪旁边的英雄广场购物中心越扩越大。当地的友人说，托新加坡人的福，马六甲的经济前景令人鼓舞！

　　马来西亚在新加坡人最常出游到访的国家（地区）中排名第一，据2008年数据，它比排名第二的印尼在人数上多十倍，中国大陆（内地）排名第三，接着是泰国、中国香港、澳大利亚、中国台湾和日本。日本和韩国是新加坡人的新宠，就日本而言，新加坡旅客在人数上虽比不上来自邻近日本的韩国、中国，还有较远的美国、英国、澳大利亚等国旅客，但以人口比例计算，新加坡旅客的访日率排世界第四位，有近四成是在旅季到访。

　　对旅游趋向稍有观察者不难发现，近年来国人的旅行方式已有所改变。一个明显的趋向是自助旅行的逐步普遍化，即便是有语言障碍，在访日的新加坡旅客中，自助行方式在几年前已超越了团体旅行的人数。当订购机票，酒

人文探索・情怀

店住宿、音乐会、旅游景点和游乐园等入门票，找寻当地的旅游美食资讯，甚至寻求可以同行的旅伴都能够上网轻易解决时，那总让人联想到必须起早摸黑、自由时间太少的随团旅行方式，自然就少了吸引力。

　　互联网的普及直接影响了旅行团的销售，对旅行社带来不小的冲击，这也激发了近年来有创意的行销，如主办由DJ、艺人带队的旅行团，开发新颖的主题旅行团等新包装和尝试。最近发现有一家专门主办到喜马拉雅高原旅游的旅行社，定期主办以不同主题探讨与体验当地文化生态的旅行团，我欣赏这家旅行社强调提供美好旅游体验的诚恳服务态度。诚然，旅行社作为实现愉快旅游体验的渠道，本该强调为旅客提供可信赖、负责任的专业服务，竭力让每一位旅客都能够度过

"慢游"着重能够放松随意的游，发觉转口处有一家小巧的咖啡店就停下来享用香醇的咖啡。（作者摄）

225

莫忘我：人类学家的老龄社会观察笔记

轻松欢愉的假期，可惜实际上有不少旅行社的服务还有待改进。

近来有不少朋友碰到报名参加旅行团后，却不一定能如愿到预定目的地旅游的不快体验。有人早在旅游展时已为年底到北海道的旅行报名，到了十二月方被告知因为人数不足所以无法成行，结果临时换了地点，到韩国去了。也有一家人同样早在旅游展时报了年底去韩国的八日游，要启程的几天前，旅行社突然来电告知对不起没有机票，结果那一个旅季兴致勃勃的期盼就这么泡汤了。下一个旅季，他们决定自助行了，告别随团的一贯旅行方式。

在自助旅行日益普遍的当下，有些人采取了"细旅"方式，专注于游透一个国家。到日本的访客中，就有一些是特别钟情日本的所谓"亲日派"，他们每年必定到日本旅游，不是那种走马观花似的一次扫过关东关西，而是租车每次仅一两个地方有深度地、细细地游，发掘一些没有记载在旅游书籍或旅游博客里的惊喜。

这两三年随着慢活慢食的字眼开始出现的"慢旅"或"慢游"，是另一种与细旅稍有重叠的旅游方式。不过慢旅不一定讲究要细细地游，这样的旅游方式，不在意一天一定得逛完几个景点，而是着重能够放松随意地游。往景点的路上，发觉转口处有一家小巧的咖啡店就停下来享用香醇的咖啡，欣赏店里的装饰，与店主闲聊，观赏眼前来

人文探索·情怀

来往往的人群,起身时虽已错过景点的营业时间,却依旧能感受到人在旅途中的愉悦。

新年伊始,走出旅季收拾心情返回工作岗位时,已有人在为下一个旅季开始储蓄和计划去处。能够出国旅游真是令人赏心悦目的事,如果要总结可以从旅游中学到什么,对我而言,那就是要放松心情面对人生,因为世界那么大,你的烦恼算什么?

2011年1月2日刊于《联合早报·学人视角》

灾　　后

> 毁坏了的建筑物可以很快地重建，碎了的心，需要给他们时间去修复，化悲愤为力量。

近年来天灾频频，不禁让我想起多年前访问遭遇7.3级大地震之灾的日本神户居民。还在计划什么时候该谈谈他们的经历时，不料日本的东北地区又发生了更严重的9级地震，甚至还引发大海啸和核危机，终酿成堪称日本自第二次世界大战以来的大灾难。

灾后我几番尝试拨电话给仙台市的好友石森宏美，好不容易在第六天与她取得联系，得知她家里虽然被震得一片狼藉，天花板更塌了下来，幸好家人都平安，总算松了

人文探索·情怀

一口气。仙台是此次重灾区之一，宏美当时正在她执教的高中，所幸学校不在沿海地带，大浪冲到校门口就退了回去。虽然学校没事，但不少师生的家都被地震和海啸毁了，宏美的一些亲戚至今仍下落不明。

对逃过一劫的居民来说，灾后才是挑战的开始。宏美说，很庆幸他们一家三口还能继续住在自己的家里，可是在寒冬中没有水电，他们开始两天只能以家中仅存的番薯片充饥。几天后她那一区开始在固定的时间内有水电供应，

"3·11"大地震后东北区的重建仍须多方支援——图为灾后翌年六月，留日新加坡大学生在岩手县大津町当义工清理沙滩。（留日新加坡学生会提供，www.ssaj.net）

莫忘我：人类学家的老龄社会观察笔记

但是仍没有煤气供应，因此不能烹煮或洗澡。她感叹饿着肚子的孩子最可怜了，这一次的灾害，让平时丰衣足食的他们饱尝饥寒交迫的无奈。第六天了，商店仍旧关闭着，当有人用小推车开始贩卖一些食品时，就立即引来长长的人龙，宏美在飘雪中排了三个小时的队，只买来几条香蕉和一些米粮，实在喂不饱一家人。

粮食、医药等物资的不足，严重地困扰着在紧急救援中心避难的灾民。灾难的破坏，加上燃油短缺和寒流，使得海陆空的运输都瘫痪了，不仅平常运输粮食的卡车不能出行，连应该在第一时间抵达灾区的官方救援车辆也迟迟不见踪影，这对尤其需要医药急救的病患，更是雪上加霜。

灾后政府未能及时有效地救援往往触发人民对官方激烈的批判。16年前的神户大地震，政府的无能更凸显了民间的力量，那场地震促成了日本非营利组织的成立法案，而高达百万名义工的涌现也使1995年后来被广泛称为日本的"义工元年"。

当时，从四面八方抵达灾区的大批热心义工都恳切地要求立即投入救援，他们为无助的灾民解决了日常生活的问题，带来了温暖和安慰。然而，他们的突然涌入也令救灾中心疲于应付，导致义工工作分配混乱和缺乏培训等棘手问题，成为灾区新的负担。种种问题凸显了灾后成立特别管理系统的必要性，以便更有效地使用义工这一宝贵人

人文探索・情怀

力资源。有了神户地震灾后的经验作借鉴，这次东北救灾的义工管理显得井然有序多了。在等待通往东北的道路和铁路恢复运作之际，多个义工登记中心已迅速成立。救灾义工的网页也明确刊登他们缺乏哪方面的义工，这包括不必前往灾区，只须每天在家收集、整理及上载各类和救灾有关信息的"信息义工"。官方的网站尤其鼓励个人与其毫无准备就奔往灾区救灾，不如把前往灾区的交通费等捐出来，资助有组织的义工团体。

神户地震发生七年后，我访问了当时家园遭毁、被迫在避难所栖身的年长生还者。他们多次提起灾民之间的互救。一位老太太聊起，有一回有两大车的中学生前来与避难所的年长者一起做手工交流，"我们为他们预备了（日本）咖喱饭。之后，学校打来电话说学生还想过来，不是来当义工，而是想来吃我们煮的咖喱饭！"

日本人民遭受突如其来的灾难之后的沉着应对，让全世界对日本民族的韧性感到钦佩。一位记者提起海外媒介在灾区的"难处"："尤其是开始的前两天，我们只能拍到被震毁、遭淹没的建筑物等远镜头，灾民都大致保持沉默，不愿多说，很难找到灾民呼天抢地、伤心欲绝的悲憾场面！"

日本人或许较不善于以号啕大哭、捶胸呐喊来表达他们的哀伤，但是沉默的背后依旧是一颗颗受创碎裂的心。

莫忘我：人类学家的老龄社会观察笔记

我告诉他，我认识一位在神户地震时丧失了儿子的老妇人，她足足沉默了三年，第四年她终于走出沉默，加入一个由地震生还者发起的义务组织，开始到学校和社区向年轻人叙述神户地震的体验，提高人们的防灾意识。

毁坏了的建筑物可以很快地重建，碎了的心，须要给他们时间去修复，等待他们化悲愤为力量。

2011 年 3 月 27 日刊于《联合早报·学人视角》

火车情缘

> 火车、汽笛、火车站、轨道都有让人缅怀、遐思、期待的联想,冒出白烟的蒸汽火车尤其令人生出浪漫的怀旧情怀。

月前在伦敦的一个学会上喜遇久违了的英国友人苏珊。我当时正在牛津小住,她问我如何抵达伦敦的。"搭乘火车呀!"我说,从牛津火车站直达伦敦的珀丁顿站只需1个小时,若提早预购车票仅需4英镑,所以火车对我而言是往返伦敦最优惠、便捷又舒适的交通工具。

"噢,是珀丁顿火车站吧!我可称那为我们的家族火车站呢!"听苏珊兴奋的语气,我知道有故事听了,赶紧

莫忘我：人类学家的老龄社会观察笔记

请她道来。

原来，苏珊的祖父在19世纪20年代是往来珀丁顿火车站的火车司机，而她的父亲后来也在同一家大西方铁道公司担任工程师。不过，最让人津津乐道的是，珀丁顿火车站是为苏珊的祖父母牵红线的月下老人。

"当时，年轻的祖母是位帽子设计师，在乘火车前往伦敦的珀丁顿站时初次邂逅开着火车的祖父。祖母一眼就看中了祖父，觉得他是个好男人。她暗中透过在珀丁顿站工作的熟人取得他的工作时间表，密切关注祖父每天开着哪个线路的火车，经常特意乘搭由他驾驶的班车。祖母的努力没有白费，祖父终于留意到这位频频出现在眼前的少女，就这样，我们的家族诞生了。"

好浪漫的火车情缘！19世纪20年代还是蒸汽火车的时代呢，试想在珀丁顿火车站的月台上，有一位戴着时尚帽子的妙龄少女正等待着火车缓缓驶入，只求在白烟袅袅中一睹火车司机那俊朗的身影……

火车、汽笛、火车站、轨道都有让人缅怀、遐思、期待的联想，冒出白烟的蒸汽火车尤其令人生出浪漫的怀旧情怀。英国人善于保留历史，当蒸汽火车逐渐被柴油机车所取代而退出服务广大民众的行列后，除了官方和铁道公司的火车博物馆外，也有民间组织着手购入这些已遭淘汰的火车。牛津周边就有几个保留了大西方铁道蒸汽火车的

人文探索·情怀

小型观光铁道和展示馆,虽然有些铁道因为完全由志愿者操作,所以运行时间有限,但还是得感谢这些铁道爱好者,若不是他们的执着,我们就不能亲身体验搭上如哈利波特电影画面般的蒸汽火车,少了坐在摇摇晃晃的车厢里看窗外的景致、听嘹亮的汽笛声那种简单的快乐。

我们都可以轻易想起有关火车的电影画面吧,或是喷着白烟驶入未知,或是奔驰在原野山林间,或是沿着铁轨缓缓而行,移动的火车象征着对过去的眷恋和对未来的向往。不少我喜爱的影片都与火车有些许关联,其中,《铁道员》是一部改编自浅田次郎的畅销日本短篇小说的影片,在无数个火车到站离站,列车在雪花纷飞中行

移动的火车象征着对过去的眷恋和对未来的向往。(作者摄)

235

莫忘我：人类学家的老龄社会观察笔记

驶的画面中，讲述了一位执守北海道一个没落火车站站长的故事。他对工作的忠诚和对家庭的爱与歉疚，场面凄美，故事无比感人。

　　最近丹戎巴葛火车站的最后运营的消息引起了民众对火车和铁路的热情，人们除了兴致勃勃地赶在最后一天搭上往来丹戎巴葛火车站的班车外，向来被漠视的沿线铁路也顿时成了众人的焦点。可喜的是，除了带着缅怀，民间也踊跃参与探讨铁道的未来发展，新加坡自然学会对全线轨道的未来方向所建议的"绿色走道"计划更是受到多方支持，令人鼓舞。若问我对保存这段铁路有什么期待，我向往将来能看到低声量电动火车穿梭其间，沿途体验岛国已属稀珍的乡野景致，也希望在保留自然和人文历史之间，当局能更进一步地广集民间关于火车与铁路的故事。屹立了88年的丹戎巴葛的火车站，是否也有着如苏珊家族般的火车情缘？

　　　　2011年7月17日刊于《联合早报·学人视角》

田野情怀

> 田野的际遇丰富了杰琪的情感和人生,拉祜族的村民也是幸福的。30多年前他们诚恳热情接待的那位金发女性,一直都不曾离开,她已成了一名拉祜奶奶。

从去年开始,我年初都会到泰北清迈走一趟。目的单纯,就是为了去探访我的美国博士导师大卫(David Plath)和他的妻子杰琪(Jacquetta Hill),他们都是人类学者。杰琪自20世纪80年代就一直以清迈以北的一个拉祜族村落作为她的田野调查基地,如今这个村落已成了她和大卫的第二个家乡。

莫忘我：人类学家的老龄社会观察笔记

泰国的拉祜族群与缅甸、越南和老挝的拉祜族群，同样源自中国西南部，现今拉祜族的总人口约75万，其中约有5至7万人定居泰国，大多分布于泰北高原地区。属于藏缅语族的拉祜族早期是游牧民族，后来普遍接纳农耕文化。据知，拉祜族自200多年前开始跨入东南亚高原地区的金三角地带，他们多数从事迁徙农业，每隔五六年就得物色新的土地迁徙，重新烧芭耕种。直至20世纪70年代，由于泰国政府的土地条例，迁入境内的拉祜族群才逐渐形成现今与其他少数民族的部落在泰北高原共存、分布聚居的情况。

杰琪所在的拉祜族村落属于"纳舍乐"支系。在这30多年的研究跟进期间，她深切体会到这个族群丰富的文化习俗。以及拉祜族人对自身文化的自豪和投入，但也同时目睹了现代化给这个村落带来的社会文化与经济冲击。专注于教育心理领域的杰琪，起初主要研究拉祜村儿童的学习认知构图，后来渐渐地对拉祜文化和仪式产生了浓厚兴趣。

1998年，她和擅长拍摄学术纪录片的大卫一起制作了第一部关于拉祜族的英语纪录片，通过介绍拉祜族的新年节庆，带领观众走入泰北拉祜族的世界。

拉祜族的新年基本上和华人春节一样定于每年农历正月初一，为期至少四天。不过实际上，泰北的"纳舍乐"

人文探索·情怀

拉祜族的村落之间，为了可以互相探访共庆，族人对过年时间有时会稍做调整，譬如今年有些村落的新年节庆已于上周开始。过年是拉祜族人最重视且隆重庆祝的传统节日，那是谢神祈福、庆丰收，以及与亲友团聚的欢乐时光。在这期间，妇女们尤其忙碌，她们忙着缝制新衣饰，也忙着预备佳肴美食以慰劳大家一年来的辛勤，对到访的客人更是热情款待。

拉祜族人热爱歌舞，每逢节庆人们都会载歌载舞欢庆一番，过年期间，群舞的热闹场面更是连续不断。"纳舍乐"拉祜族的舞蹈，在外人看来，或许和其他支派没什么两样，但是它实际上更接近附近傈僳族村落的舞蹈和音乐。"纳舍乐"拉祜族人穿着鲜艳的民族服装，在村里特定的舞蹈场地围成一个大圈，以轻松独特的舞步随着乐者吹奏的音乐翩翩起舞，场面甚是壮

杰琪自20世纪80年代就一直以清迈以北的一个拉祜族村落作为她的田野基地，如今这个村落已成了她和大卫的第二个家乡。（作者摄）

239

莫忘我：人类学家的老龄社会观察笔记

观欢愉。杰琪在纪录片里曾讨论过，拉祜族的群舞，对他们不单是娱乐，也孕育着浓厚的宗教信仰、社交、美学艺术与族群认同的象征意义。她于2011年发表的一篇论文中，以《跳舞或改变你的信仰》为标题，强调了舞蹈与"纳舍乐"拉祜族的族群意识的密切联系。

探讨"纳舍乐"拉祜族民间传统舞蹈的课题，一直是杰琪在退休后仍然持续进行的研究项目。

在长年与拉祜族青年的接触过程中，她意识到为了升学而离开家乡的青年，由于没能好好掌握传统的舞蹈技巧，他们为此感到困扰与遗憾。近年来，快速的社会变迁更令拉祜族人担忧这个传统舞蹈的传承和未来，杰琪也分担了他们的忧虑。杰琪虽然不是研究歌舞艺术的专家，但她毅然下定决心寻求多方专家的配合，通过详细记录和分析研究，希望除了取得学术价值，也同时让"纳舍乐"舞蹈的面貌和精髓，能完整地以多媒体档案形成存留，为拉祜族的传统文化和民族意识的保留与传承，尽一分力。

除了这个任务，杰琪和大卫经年的泰北之行也早已设下要具体提升村里下一代的目标。十年前，他们拨出积蓄，设立了一个帮助拉祜族村童升学的教育基金，这些年来通过这个基金会，他们实施了颁发奖学金、在市区建设学生宿舍等计划，让不少未完成小学教育就得外出工作帮补家用的孩子有了升学机会。其中一位优秀的拉祜族少女更因

人文探索·情怀

获得援助而远赴美国攻读博士,成为村子里第一位留学生。

在泰北的那几天,我随着杰琪和大卫走访了他们的拉祜族"亲戚"。在清迈,他们和一些曾经领取了基金会奖学金并顺利升学毕业的青少年见面,看着杰琪对他们的百般叮咛,为着他们的工作机遇和结婚生活时忧时喜的样子,蓦然之间,我觉得杰琪是幸福的。

田野调查丰富了杰琪的情感和人生,拉祜族的村民也是幸福的。30多年前他们诚恳热情接待的那位金发女性,一直都不曾离开,她已成了一名拉祜奶奶。

2013年1月13日刊于《联合早报·学人视角》

入 境 卡

> 菲律宾政府的海外劳工管理也包括收集和分析在海外劳作和定居的国人的趋势，需要国民填写入境卡。告知回国原因，相信也是收集信息资料的一环。出访他国，是否得等到踏上他乡的土地才能开始体验异地的风土民情呢？

我认为如果是选择乘搭某一国的班机，那么，飞机上的饮食、影视节目、书刊、使用语言、服务态度等，都能让你第一时间浅尝该国的文化民情。有时连那通常得在飞机上填写的入境卡，也能透露出一些目的地的特色。

人文探索·情怀

　　入境卡常有一个作答题是"入境目的",回答选项一般都有"公务""商务""度假""其他"这四项。有时选项也反映了当地情况,譬如,尼泊尔入境卡除了上述四项入境目的之外,另有"爬山"和"远足",突显了尼泊尔的地理特色和主要访客活动。这也提示爬山和远足是特别的挑战,不是到访者在"度假"一栏打钩就能够充分交代的活动。

　　有的国家把"入境目的"分得比较细,例如埃及的入境卡提供八个选项:除了"商务""旅游""会议""其他"外,还有"培训""学习""文化""就医"。但也有少数国家已不在入境卡中设这个问项,新加坡和法国就是。这或许是因为入境目的可以从其他渠道确知,况且填写者不一定会反映实情,但想想如果新加坡决定设个较仔细的"入境目的"选项,会不会考虑加入"就医",甚至是"访IR(综合度假胜地)"?

　　日前在飞往马尼拉的班机上填写入境卡时,发现菲律宾的入境卡和其他国家的稍有不同,原来菲律宾要求回国的国民也填写入境卡,而且针对海外劳工,卡上还多了标明供"海外合约工作者"填写的"回境原因",选项有"合约到期""度假""健康原因""其他"。环视机舱内,确有不少似在外国打工归乡的菲律宾人,他们当中有多少是从此还乡,又有多少是回去稍做小息,再整装回返海外打

莫忘我：人类学家的老龄社会观察笔记

工的队伍？

菲律宾是世界上最大的劳工输出国之一，数据显示，菲律宾海外劳工占全国总人口的百分之十，劳动人口的四分之一，如今人数已突破1000万，遍布世界200多个国家。他们对国家经济起到举足轻重的作用，来自海外劳工的汇款去年高达173亿多美元，这些汇回去养家糊口的工资维持着国内的消费，促进了国内需求增长。

海外劳工汇款收入占了菲律宾国内生产总值的百分之十，菲政府意识到输出劳工所带来的经济效益，早在1974年就已成立了海外就业发展机构，使整个劳动人口输出事业能够系统化。官方除了到国外推销菲律宾劳工以扩大菲律宾人海外就业机会，管制合约和中介执照机构等事宜，也和非政府组织配合为劳工们提供所需，包括讲授出国前关于入境国的习俗法律、当地的支援和个人财务管理等一些必修课程。虽然依赖劳工输出的经济政策本身是个极富争议性的话题，尤其当多年的外汇收入仅使得大家更依赖它过活，却没有显著地提升整个社区和区域的发展和进步时，但是，菲政府在非政府组织的协同下，至少也着手保障海外劳工利益和照顾海外劳工福利，例如成立海外劳工福利基金、在世界各地成立支援中心等。

1995年，一名菲律宾女佣在新加坡被处以死刑的事件发生后，菲政府发布了较全面的海外劳工与海外菲人法，

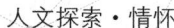

更进一步加强了海外劳工的利益和福利的保障。这个法规也把每年6月7日定为"海外劳工日",对在海外辛勤劳作,好让国内家人亲戚过好生活的菲律宾劳工们致敬和表达感谢。

菲政府的海外劳工管理也包括收集和分析在海外劳作和定居的国人的趋势,需要国民填写入境卡,告知回国原因,相信也是收集信息资料的一环。

有了入境卡的提示,我在马尼拉时特别关注和海外劳工有关的人与事,从菲律宾友人中获得不少信息。值得一提的是,逛书局时,我发觉那里所卖的生日卡,也充分反映菲律宾人口的特色,因为祝远方亲友生日快乐的卡片种类特别多。看着一张张祝远方的丈夫／太太／爸爸／妈妈／生日快乐的卡片时,不禁唏嘘,终年离乡背井的生活,是不是得代代循环?完整的家是不是遥不可及?

2010年4月18日刊于《联合早报·学人视角》

宜居的内涵

土楼精神

住在人口密集度不逊于土楼的我们,也'共楼居住。出入相见',但到底对'远亲不如近邻'的道理有多深的认知?

小时候就已听闻建筑独特的客家圆形土楼。年少懵懂时,误以为在中国乡下的客家人大多都住在土楼里,一厢情愿地认为父亲小时候也一定是在土楼成长,很多年以后才知道弄错了。家乡在广东梅县的父亲说,客家人聚族而居的土楼,是早期举族从中原迁移闽南的客家先民的特色居所,后来有从闽南再迁徙至广东或他乡的客家族群,却没把这建筑特色散播开来。

宜居的内涵

关于土楼的独特性，我终于在两个月前从厦门出发的永定土楼游中有了一番体会。福建土楼特别在它的多，据说有4万座之多，大多建于12至20世纪，它们如巨大的蘑菇般盛开在闽西南群山的山谷间，难怪美国中央情报局曾在80年代以为那是一大片机密的核基地设施。这些土楼的形状也各具特色，原来除了著名的圆形建筑外，常见的还有方形，随着地势建成半月形、椭圆形、八角形、扇形、马蹄形等等。我想，土楼建筑之所以没在这个地区以外被广泛采用，显示出它是依据地理环境就地取材而成的独特产物。土楼除了因循了北方豪宅大院的气派，更难得的是有创意地防火防风，防盗抗震，也因为土墙够厚，具有隔热保温的实际功能。

其中的46座经典土楼自2008年被联合国教科文组织列入世界文化遗产名录后，参观土楼成了福建旅游的热门项目。值得一提的是，福建土楼其实不是客家人专有，有研究显示，土楼式的建筑在客家先民南迁之前，已在漳州的闽南人中出现。现今闽南人土楼甚至比客家人的土楼还多，虽然颇有盛名的土楼大部分仍属于客家土楼。

一般的一日游分成参观永定或南靖县的客家土楼群。南靖以田螺坑土楼群驰名，据说居高俯瞰，是令人叹为观止的绝景。但基于首次会晤古楼，选择了永定，因为在那里能够参观有"土楼大王"美称的著名客家土楼——承启

莫忘我：人类学家的老龄社会观察笔记

中国永定的"土楼大王"承启楼（大图）与新加坡中部明地迷亚路一带的旧式组屋，在外观上有相似之处。（作者摄）

楼的内部和一睹土楼人家的生活。

庞大宏伟的承启楼不愧为土楼之王，它有四层楼高，总共有400间房，可容纳800人居住。带领我们参观的讲解员小江就住在里头，是这座江姓家族大土楼的第十五代人。建竣土楼的第一代人因为有四个儿子，就把土楼平均分为四房。这300年来，承启楼最盛时曾住过六百多人，现今还住着两百多人家，是名副其实的"活着的世界文化遗产"。

从正门走入楼内，眼前又有个门口，楼内有楼。从外

宜居的内涵

侧看土楼，只有三楼和四楼有窗口，因为那两层楼是卧室，它们的底下，二楼是仓库，一楼则是餐室和厨房。楼内的二环楼是梳洗间，三环楼有学堂，四环则是一道回廊，围绕着土楼的心脏——庄严的祖堂。这楼中楼、圆中圆的奇景，从外楼的最高层望下去，特别壮观。

午后的土楼是宁静的，但不难想象日落时分，当大伙儿从田间归来时的热闹景象。大人们在楼门边、长廊上闲聊着，妇女起灶做饭，到天井边打水洗菜，边闲话家常。而孩子们最惬意了，不用担忧没有玩伴，可以尽情地在环楼间玩捉迷藏。每逢新年元宵节等喜庆节日，土楼的气氛肯定更热闹非凡，令人向往。

问小江楼里的人是否争吵。她说这偶尔会发生，不过大家聚居一起，能深切体会和睦共处的重要性，大多会依循楼规，体现团结合一的和睦精神。她这么说着，犹如在讲解祖堂中挂着的一副对联："一本所生，亲疏无多，何必待分你我？共楼居住，出入相见，最宜重法人伦。"

走在贯通全楼的长廊道，总觉得我们的组屋设计与土楼颇有相似之处，尤其是较旧型的组屋，多有长廊相通，随时可自开着的门窗望入屋内，有些组屋设计甚至是呈半圆形呢。而且和土楼一样，组屋以及共管式公寓和小社区，都有需要大家一起爱护的公共空间，如走廊、电梯、花圃、垃圾槽、停车场、游乐场等场地。住在人口密集度不逊于

莫忘我：人类学家的老龄社会观察笔记

土楼的我们，也"共楼居住，出入相见"，但到底对"远亲不如近邻"的道理有多深的认知？很多人都承认与邻居的交情淡薄，甚至日日出入相见却从未互打招呼。报纸上与邻居反目成仇、大打官司的新闻屡见不鲜。我们的社会似乎越来越难捕捉一点土楼所散发的和睦精神。

那天，从永定回到厦门的路上，途经正在兴建的高尚住宅高楼。建筑工地上挂着的广告宣传掠过——"好邻居，一生的追求"。嗯，值得深思。

2010 年 2 月 21 日刊于《联合早报·学人视角》

亲 老 龄

'亲老龄城市',这个概念从空间出发,结合了软硬件的需求,可以说是更全方位地补足了'活跃老龄'这个较以个人为起点的概念。

九月末,世界卫生组织、国际老龄联合会与爱尔兰的亲老龄城市组织,在都柏林市主办了第一届亲老龄城市国际大会。大会的一个高潮是由都柏林的市长带头,与世界其他40多个城市共同签署"打造亲老龄城市全球网络",以表示一致同意推动着力实现世卫组织亲老龄城市的计划。

"亲老龄城市"（age-friendly cities）是接着"活跃老龄"

莫忘我：人类学家的老龄社会观察笔记

（active aging）这个已被广泛接纳为理想老龄模式的另一个概念。同样是世卫组织所推广的应对人口老龄化的框架，"亲老龄城市"这个概念从空间出发，结合了软硬件的需求，可以说是更全方位地补足了"活跃老龄"这个较以个人为起点的概念。

大会上提出不少与硬件建设有关的课题，包括讨论整体城市策划的大课题，也有着眼于改善社区环境和老龄设施的研讨会。席间有人提出为何要局限在亲老龄而不是亲

旧修道院如今成了社区的活动中心。（作者摄）

宜居的内涵

全龄（friendly cities for all ages）呢？宽广的道路、无障碍设施等不都是残障者和小孩，以及推着婴儿车的父母都期望能具备的吗？有人解释的确有需要推广亲老龄的理念，城市发展的节奏太快，如果不坚持把焦点放在轻易就被忽略的年长者身上，他们将会是逐步被周遭环境所遗弃的弱势群体。我向来提倡亲代际交流的环境，也赞同城市和社区需要亲老龄。再说亲老龄的环境除了同样可以让有相关需要的其他群体受益，最终必定让全民受益，因为今日的年轻人，就是明日那需要亲老龄环境的一群。

从硬件建设与改造开始实践亲老龄城市的愿景固然不易，但最大的挑战或许是与软件的配合，这包括整合资源及改变人们的态度与价值观。日前荣誉国务资政吴作栋就马林百列集选区所展开的原地养老计划指出，营造优雅居住环境，鼓励互助关怀精神比改善硬件设施更具挑战性。

作为第一届亲老龄城市国际大会的主办者，爱尔兰显示了积极建设亲老龄城市的恒心。主办当局在大会上挂着"共同努力，让爱尔兰成为老年人最宜居的地方之一！"的标语，更特别安排与会者到爱尔兰的不同地区参观当地的亲老龄项目。

我选择参观位于内斯市一个结合了老年公寓、联络

莫忘我：人类学家的老龄社会观察笔记

这座老年公寓共有53个一房式单位。（作者摄）

所和艺术中心的项目。内斯是爱尔兰东部尔代尔地区的首府，以盛产世界级赛马闻名。内斯离都柏林大约30公里，在前往内斯的路上负责人玛佳已全情投入地开始向我们讲解这个项目的特点。玛佳从如何找到适合老年公寓的地点说起，一再强调那是一个社区里的家，住在那里的老年人经常可以与前来当义工、参与各项手工或艺术活动的学生、家长，以及住在附近的居民交流，互相关怀。

车子行驶在商店街上，终于在一个教堂前停下来，我想起玛佳提到他们最后在内斯的中心地找到了合适的修道

宜居的内涵

院旧址。除了在旧修道院的院子里新盖了一栋三层楼的建筑物外，他们也把旧修道院的一楼改装成设有活动中心、客厅、接待处，以及一个即将对外营业的咖啡室。二楼则有几个与隔壁建筑物一样的一房式公寓单位。整个项目总共有53个单位，设备齐全，是自理型老年公寓。老年人如住在普通住家，负责自己的日常打扫和三餐。由于老年公寓半年前方建峻，我们到访时还有30多个单位空着，内斯的老年居民将有优先权申请入住，以实现老年人在同个镇市养老的期望。

老年公寓除了靠近商店与教堂，附近也有中小学，而联络所和艺术中心就同样处在修道院的旧址，它与社区紧密衔接着，生活气息浓厚。玛佳提到一名独居的老太太，曾经足不出户，就快不能自理起居时她搬入了老年公寓，后来她开始参与由义工主办的各种手工和社交活动，与中小学生交流，渐渐地开始有了每天出门的动力，在大家的关怀下，更恢复了能自理起居的能力。

玛佳说她年老后要入住这个环境，这是她心目中的优雅又有活力的亲老龄城市。我后来才知道原来她就是这个项目的发起人，身为一名护士，她接触过很多有待改进的老年设施与住所，所以憧憬建造一个最适宜老年生活的环境。她心目中的亲老龄环境应便于开展代际交流、文化艺术互动，且拥有位于市中心的便利，所以她找了具有共同想法的朋友，同市政府等多方人员几番探讨协商，花了好几年的时间，终于实现梦想。

  因为玛佳，我对大会上挂着的标语有了新的认识，亲老龄需要有憧憬，也需要政府与国民共同努力圆梦。

  2011 年 10 月 9 日刊于《联合早报·学人视角》

挑战心理的病魔

要能够真正帮助那些无法意识到自己患病,排斥治疗的心理病患者,在现实生活中还真是大挑战。

　　常年饱受心理疾病困扰的小英近来有病情加剧的迹象。
　　她患上被害妄想症,一直都如《狂人日记》中的主角般,有认为周遭的人"似乎怕我,似乎想害我"的心理。她经常投诉左邻右舍在议论她,监视她的举动,盗听她的电话谈话。开始时我们都尝试开解她,后来意识到她有偏执于幻觉的固执,听不进旁人的关心,只好当个听众,任她绘声绘色讲述。

莫忘我：人类学家的老龄社会观察笔记

可是近来她的举止思维的确越来越怪异，陆续有人碰到她在地铁车厢里自言自语，在繁忙的大街上高歌，在商场里大声"演讲"，惹来了警察的警告。我们越来越难联络她，因为她为了提防被坏人窃听，把手机抛入河里不用了。

有一回她来访，一进门就兴奋躁动，描述自己如何毫无畏惧地在马路上横冲直撞，不顾往来的车辆。我们感觉事态严重，问她是否按时吃药。她说："有时吧，我没病，何必常常吃药？"

小英对药物一向极其抗拒，她不喜欢那种吃了药后整个人昏昏沉沉提不起劲儿的感觉，她也认为是这些药物危害了她的健康，因此没有配合医生的指示按时服药。这种想法一再延误了治疗，自从她在十多岁患病以来，病情就反反复复，近来的举动更令人担忧她的安全。

我们小心地征询她的意见：送你去 IMH（心理卫生学院）好吗？

"我不要，我不要！"她突然歇斯底里地叫起来，神情充满恐惧不安，"那里住的都是疯子，我不要也被关起来！"

小英对精神病院并不陌生，十多岁时一度病情太严重，父母曾经把她送入当时的板桥医院接受治疗。几年前，她的病情又陷入谷底，她砸了邻居的窗，把人家的东西抛下

宜居的内涵

楼,后来就开始因为对户外深深恐惧而足不出户,家人只好把她带到 IMH 的诊疗所,再由医生安排她入院治疗。当时的 IMH 已经历重组改革,同过去板桥医院的负面形象有了天渊之别,在外观、环境、医疗体系、医护人员的对应上都予人积极、乐观的态度。

在小英入院后,院方就与家人洽谈,除了入院一段时期接受治疗和复健,也连续安排了接下来到社区中的康复中心参与活动,学习一些简单技能以预备再入职场。小英在按时服药及有规律作息疗程中,病情有了显著好转。虽然家人希望她能够坚持到最后,但她强烈觉得个人自由受束缚,之后只去了康复中心一阵子就自行"毕业"了。小英后来再次发病,重新陷入病情的她更排斥各类与心理治疗有关的机构,至今她依然视这段经历为"受苦的日子",而当初为了帮助她痊愈的家人及医护人员都被视为是害她的人。

一般人都会下意识地把进入精神病院接受疗养当成是"被关起来",尤其对不认为自己有病的患者而言,这更有如被强制关入牢狱,被逼丧失了自由的压迫感。在一本患有精神分裂症的父子合作撰写的自传故事《亨利的魔鬼》里,这名叫亨利的儿子在入住英国的一间精神病院的两年间,企图越墙逃院共约 17 次,后来院方只好试验着让他白天独自出门逛街,只要他可以承诺每天在指定时间内回

莫忘我：人类学家的老龄社会观察笔记

到医院。

《亨利的魔鬼》除了记载亨利的内心世界，更通过他的父母与不同心理治疗机构的交涉，对整个英国心理卫生医疗体系展开了批判。其中他们质疑从"入住病院"型到"社区照顾"护理模式的转型，严斥这个决定仅是为政府省下公立精神病院的经费，却因没有相关的社区照顾模式的对应，最终更加重了家庭的负担。英国的心理疾病床位在半个世纪内已被削减了五成，而在同个时期，也在倡导减少入住病院的美国，更削减了九成心理病院的床位，这个做法被批造成更多急需治疗的心理疾病患者流落街头。

最近阅读了有关日本情况的资料，发觉日本有一些值得学习的"社区照顾"模式，其中有一家自1984年始于北海道一个小基督教会的 Bethel House，它聚合了小型集居、工作坊，以及小商店的经营，有效地为有心理疾病患者，尤其是患有精神分裂症的成员提供了起居作息的安心环境。但是这毕竟是极少数的成功例子，在朝着发展"社区照顾"模式的大方向上，在建立起健全的社区照顾模式之际，继续提供住宿病院，改善其环境以维护患者的安全和应有的医疗照顾，仍然是必要的。

我们的社会自2007年推出五年心理健康蓝图以来，已在心理健康的医疗方面，以及在向公众推广对心理疾病

宜居的内涵

的认知等层面，取得了令人鼓舞的进展，据悉接下来社区里也将设立专业精神医疗小组以方便患者求医。然而要能够真正帮助那些无法意识到自己患病，排斥治疗的心理疾病患者，在现实生活中还真是大挑战。

我们到底应该如何帮助小英？

2012 年 4 月 22 日刊于《联合早报·学人视角》

聆听与参与

香港在照顾年长者方面有许多有待改善之处,可喜的是在近年来,通过响应世界卫生组织(WHO)所推广的'亲老龄城市'等渠道,这个城市已着手逐步以具体行动去改善社区建设,打造宜老龄身心的环境。

十月中旬小游久违了的香港。

刚抵达港岛时,住在兰桂芳一带,走在人群熙攘的市中心,瞬间的感觉是这座城市依旧如斯地散发着活力和时代感。虽说香港社会正经历迅速老化,香港女性更是以86.7岁的平均寿命在去年超越日本成为全球之冠。经过几

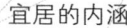

宜居的内涵

天的溜达,香港给人以青春脉动的感觉,渐渐地与"老化社会"有了重叠。

开始觉察到香港人口的老化,体现于市中心电车站旁的广告。夜晚乘坐港岛电车向东行驶时,发现窗外一个个闪过、关于长者日间照顾服务的广告,在黑夜里显得特别明亮。白天在上环、佐敦等老闹市抬头一望,与餐馆、小酒店、按摩院等横竖林立的招牌中,不乏××老人院/护理院/安老院的牌坊。这些养老院的层次良莠不齐,它们大多占据商业大厦里一层或多层楼面,提供私营化的养老服务。即便这种普遍不被市民认为是理想的终老场所,但随着养老服务需求的增加,政府资助的安老院供不应求,私营养老院预料也将继续四处可见。

人口老化在弹丸之地的香港,也如同其他老龄人口剧增的亚洲社会一样,面临着严峻考验。近年来,纵使政府已更关注改善年长者的福利,调查研究与民声却依然显示,香港在老龄化政策各方面尚有欠缺,其中更对"欠缺具体执行及监管私营养老院质素"等政策提出批判。

尽管香港在照顾年长者方面有许多有待改善之处,可喜的是,在近年来,通过响应世界卫生组织(WHO)所推广的"亲老龄城市"等渠道,这个城市已着手逐步以具体行动去改善社区建设,打造宜老龄身心的环境。走在上环老区药材街一带社区时,发现小型儿童游乐场的附近特别

莫忘我：人类学家的老龄社会观察笔记

增设"长者健体园地",提供的运动器材相当新,一旁还有详细的操作说明。在路上等待公共巴士的当儿,刚好一辆双层巴士到站,看见使用轮椅的年长者要下车,巴士司机很有耐心地给予帮忙。

在一系列"亲老龄"的改变中,让我印象最深刻的是香港社会服务联会参考了WHO"亲老龄城市"概念和框架,发起有关改善交通和公园及康乐设施等计划。

这个计划有三大原则:即从长者的角度出发,认识长者的需要,透过长者的参与来达到建设"香港长者友善社区"的目标。九月间应国家福利理事会的邀请,到新加坡演讲的香港城市大学甘炳光副教授正是这个计划的咨询顾问,他生动地讲解了长者以"当事人"的角度,以及作为"资源",甚至"共同研究员"的身份来参与这项计划的必要性。

以建设亲老龄的交通系统项目为例,参加计划的年长者不仅与该项目研究者一起走访交通业者,试乘各类交通工具,提出问题及解决方案,他们也制作问卷进行调查,收集受访长者的意见。过后结合调查结果,制定了对长者友善的交通工具及道路设施指南及调查报告,并在记者会和召集了政府官员及交通业者的会议上发表。

此外,这些长者也走入校园同小学生和大学生交流,介绍亲老龄城市的概念。这项计划成功地让交通业者和政府都聆听到年长者对交通方面的需求,并适时在硬件及政

宜居的内涵

策上做出改善。同时，它也成功地让原本处于被"服务对象"的年长者，从被动接受化为主动参与，他们积极投入，发挥长处，展现出具活力的一面。

对香港及其他同样处境的亚洲社会而言，要实现WHO"亲老龄城市"的全方位建构愿景确实不易，因为人口老化太快速，将导致医疗看护体系、雇佣制度、房屋、无障碍设施的建设等方面疲于应付各方需求。然而，恰是迅速老化的社会更凸显了实现"亲老龄城市"的重要性，香港这些年来的改变，政府与民间及企业的互动、聆听与参与的经验，都值得参考借鉴。

2012年11月7日刊于《联合早报·学人视角》

自然地包容

诚然，要构建一个包容性的社会，需要多方实际的行动与配合，而积极提供工作、学习和玩乐的机会与空间，以促进弱势群体融入社会，自然地成为其中一员，更是不容忽视的一环。

日前有机会伴随一位来自日本、在"特别需求"领域工作的友人，参观了位于西部的飞跃婴儿和儿童提早介入计划中心（Early Intervention Programme for Infants and Children，简称 EIPIC）。

友人任职的日本机构主要提供两项服务：为有特别需求的群体提供职业培训与就业配对，以及经营学前特别学

宜居的内涵

校。我很好奇,为何这个机构会选择投入两种不同性质的服务,她解释说,这是因为该机构的创办人与上门求职的有特别需求者沟通时发现,他们大多未曾接受过特别教育。这些人在主流学校学习时,常因为行为举止异于常人而遭受歧视和欺凌。这个发现促使他下定决心,为社会提供特别教育服务。目前该机构已在日本全国各地,开设了11所小规模的学前学校,总共接纳了超过600名有发育障碍、学习能力不同,尤其是患有自闭症的孩童。

在新加坡,自闭症是治疗时发现孩童遇到发育问题的较常见导因。在飞跃EIPIC中心,目前有约一半是自闭症孩童,这个趋势估计会随着社会对自闭症认知的提高而持续上升。加入EIPIC或类似课程,是帮助有特别需求的孩子融入社会的第一步,如今更多父母意识到与其否定问题的存在,他们更应该正视早期的干预治疗,以便更有效地改善情况。

EIPIC中心资深负责老师在介绍本地特别教育的概况时提及,过去七年这个领域确实已改善良多。她回想起2006年初入该领域时,全国仅有九家由志愿福利团体成立的EIPIC中心,而新成立的飞跃EIPIC中心在短期内已从8名学生增至入学名额供不应求。为了缓解名额供应紧张的情况,政府在短短几年再支援成立8家EIPIC中心。此外,义安理工学院也开始开办EIPIC高级文凭课程,以提高学

莫忘我：人类学家的老龄社会观察笔记

前特别教育的素质，以及解决师资不足的问题。

当自闭症孩童进入即将自EIPIC毕业的阶段，家长都会接到中心根据孩子现况而提出的升学建议。考虑把孩童送入特别学校的家长会发现，随着近年来教育部在扩展和改善特别学校的设施的投入，以及扩大特别教育师资阵容所付出的努力，特别学校的整体情况已大有改善。以新光学校为例，它是一所以提供主流课程而知名的自闭症学校，创校至今，已从9年前仅41名学生激增至如今拥有2个校舍、可容纳800名学生的大型学校。

此外，为了帮助自闭症患者在毕业后找到合适工作，学习自力更生，自闭症资源中心自去年起，设立了实验性质的就业与职能培训中心，从评估、培训、介绍工作到跟踪了解，有系统地为16岁及以上患有中度或轻微自闭症患者提供支援。

日本友人对新加坡的特别教育制度赞赏有加，却不甚了解执行上有它困难的地方。例如，虽然有些特别学校有空额，但碍于它离住家太远，或是家长倾向于把孩子送入某所列入等候名单的学校，造成孩子可能错过及时入学的时机。也有家长让尚未准备好的孩子报读主流学校，在开学不久就接获学校因不能应付而要求孩子退学的通知。父母若再重新申请让孩子进入适合的特别学校，那又将是一轮等待。此外，特别学校及治疗自闭症儿童等所需的额外

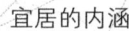

宜居的内涵

费用，对一般家庭而言可能是一笔沉重的负担。

特别教育师资的不足，也是一直困扰着学校和家长的问题。除了拨款加薪外，特别教师未能取得与主流教师同等的重视，待遇与认同差异降低了人们加入特别教育专业领域的吸引力。

友人说，日本的特别教育也同样面对师资不足的困难；此外，她特别提到家长也关注社会对特别需求儿童的排斥，有人甚至要求专门接送孩子的校车，把车身上的校名标志抹掉。

友人的经验提醒了我们，要达到拥有足够的教师、设施、名额的目标，是假以时日能迎刃而解的难题，然而当中更重要的是，该如何促进不同群体的融合交流，以消除偏见。近年来，教育部推行了配对特别学校与主流学校的卫星伙伴计划，让两所学校的学生能够共用运动设施，一起参与节庆等促进自然交流的活动，这是值得推广的一个模式。

最近，儿子说他和同学们自从知悉坐落校园的咖啡座，在午餐时段固定推出学生特惠餐后，都很乐意不时光顾这一家以社会企业模式设立，并积极聘请患有自闭症或其他有特别需求员工的咖啡座。我偶尔也到这个布置得简单温馨的环境用午餐，观察到下课后进来的学生们，就像是来到自家的餐厅般，扔下书包，直接到厨房内领了午餐，付钱后就与店里的哥哥姐姐们自然地相处。

感谢学校的开放和包容,把社会企业带入校园,让学生们能够在日常生活中,自然地体验和接纳社会的多元化。诚然,要构建一个包容性的社会,需要多方实际的行动与配搭,而积极提供工作、学习和玩乐的机会与空间,以促进弱势群体融入社会,自然地成为其中一员,更是不容忽视的一环。

2013 年 4 月 14 日刊于《联合早报·学人视角》

怀旧与取舍

放眼未来,一个国家该如何实现经济发展与人文、历史、社区、文化精神等平衡并存呢?对于过去所失去的,我们还来得及亡羊补牢吗?

与几位高中同学在网上聊天,话题不经意地转到对昔日女皇镇的怀念,这才觉察到原来我们放学后经常搭同一辆车经过女皇镇回家,大家不一定住在女皇镇,但也离得不远。原来,女皇镇市中心就是我们共同的邻里中心,那里的游泳池、电影院、图书馆、小贩中心、金冠酒楼,以及大众百货公司等,都是当年我们和家人朋友经常驻足休闲的地方。步入20世纪80年代中期以后,我们都先后搬

莫忘我：人类学家的老龄社会观察笔记

离那一带，在岛国不同的角落找到各自的邻里中心，不知何时，那个承载着我们年少回忆的繁华市中心也寂静了。

近年来，伴随着人们对本土历史和文化遗产保存意识的提高，女皇镇的历史开始受到国家文物局以及公民组织"我的社区"的关注。它们为新加坡第一个卫星镇推出历史走道指南，"我的社区"和公民咨询委员会也进行合作，为庆祝女皇镇设立60周年展开一系列活动，适时唤起了我们的共同记忆。

从事人文地理教学的老同学茵说她近来越来越怀旧，上下班时若时间许可，会特地搭巴士绕道穿梭故地，缅怀少时景致。她羡慕女皇镇仍保留了些许旧日建筑，至少是有迹可循，反观她的旧时"甘榜"——查里斯王子湾和菲力王子道那一带殖民地时期由改良信托局建造的房子，多年前已被夷为平地，如今只留下落寞的路牌标志。当我们上网输入"查里斯王子湾"这几个字，尝试查阅这个地区的历史时，出现的却大多是有关这条街将兴建最新高档公寓的房地产信息。以大英帝国的王室们命名的路名，被认为是高档公寓的一个卖点，但对许许多多曾经以这些路名为住家地址的国人，在已被拆除得那么彻底的旧日邻里前，可以勾起昔日回忆的，恐怕也仅剩下这些路牌标志。

茵感叹除了成长的家园消失了，她曾就读的亚历山大村小学也在1987年关闭。托社交媒介的福，这几年来，

宜居的内涵

一群校友开始通过脸书重逢，分享旧照片，寻访老师，共同拼凑童年时的点点滴滴。明年这个曾经关闭了四五所小学的地区将会开启一所新小学，有热心的同学就此向教育部建议沿用旧校名，教育部的回函是他们确实慎重商议过是否适合沿用旧校名，可是那里曾有好几所旧学校，很难决定应该恢复哪一个校名。信里还说，最终他们决定采用"Alexandra"为校名（中文校名为雅德小学），是希望能借此反映这个地区丰富的人文和风貌历史。同学们固然感到失落，但对教育部最后提到新小学或有机会成为保留亚历山大这一区历史的一个渠道时，大家精神为之一振。更有人指出明年起开班的三所新小学当中，只有这一所采用了地名，而且也相当接近他们的旧校名，颇有"母校终于得以复名"的喜悦。

我较茵幸运。我们的老家仅相隔一条亚历山大路，聊起小时候的回忆时才知道我们曾就读于同一所幼儿园。如今，我的老家亨德申湾是唯一还矗立在这段亚历山大路上的政府组屋区。在那个从楼上吊竹篮下来买食物的年代，与我一起嬉戏玩闹的儿时玩伴都已搬离那一带多年，幸好我的父母当年把组屋转售给阿姨一家，让我今日仍有机会随时旧地重游。那一区已经翻新，从客厅的窗口望去，被两座L型组屋环绕着的草地早已与昔日不同，在感觉既熟悉又陌生之际，恍然有着与童年时在那片草地上蹦蹦跳跳

莫忘我：人类学家的老龄社会观察笔记

图书馆是少数还存留在女皇镇的建筑物。（洪耀光摄）

的自己有重逢的感悟。

处在瞬息万变、时时更新的城市里，在更有效利用有限土地的大前提下拆除旧房屋、老坟园等计划或许无可厚非，但是希望当局能时时慎重谨记，虽然表面上要拆除的是砖瓦钢泥，但实际上瓦解的却可能是无价的社区精神、牵系人心的温馨故事，以及人文历史记忆与遗产的集体回忆。

放眼未来，一个国家该如何实现经济发展与人文、历史、社区文化精神等平衡并存呢？对于过去所失去的，我们还来得及亡羊补牢吗？"新加坡记忆工程""新加坡文化遗产节""文化遗产资助津贴"等这些重要的计划，都是人们可以积极参与的，以捕捉我们逝去的故事，保留和延伸我们的文化历史遗产，借此进一步促进人们对这

宜居的内涵

片土地的认同。然而,无奈的是,发展建设和保留集体记忆之间的取舍将会是持续的冲突与角力,如果把每一个取舍都当成学习更融洽地多方协商和反思的时机,半个世纪后的新加坡将会是一个如何令人期待、新旧交汇的活力城市呢?

2013 年 8 月 11 日刊于《联合早报·学人视角》

亲切社区

我期待当局接下来能更重视与了解社区里有哪些有助于居民交流和联系感情的接触点,并把当中具有特色及值得保留的触点也考虑纳入新社区的规划,让我们的美好家园可以更亲切、更温馨。

　　我这个上班族向来有晚间去超市购物的习惯。
　　这个周末难得起得早,决定到附近的湿巴刹去。虽然不常光顾附近的湿巴刹,但每次踏足那热闹的早市时,总是感觉亲切。
　　鱼贩夫妇未必会记得像我这类偶尔出现的顾客,但他们诚恳的态度驱走了陌生感。菜摊的老婆婆更有意思,听

宜居的内涵

我说晚餐要弄火锅,她一股脑儿地帮我把菇菜凑齐。

经过花摊,驻足欣赏那一盆盆盛开着的玫瑰,顺口问老板娘种玫瑰有什么窍门,她笑吟吟地说:"不难不难,只要时时浇水施肥,好好关爱它就行。"

买好鱼菜到连接湿巴刹的熟食小贩中心用早餐,繁忙时段食客太多,陌生人只好共拼一桌。我们与同桌一位祖母随意地聊了起来。她住在附近组屋30多年了,孩子们结婚后,孙子都由她照顾。她说难得周末孙子回家了,她可以喘口气好好享用早餐。

早晨的邻里巴刹、熟食小贩中心及咖啡店,除了是社区人潮的聚集处,也是社区居民交流联系的好去处。但是这些自然形成的社区交流站,面对了不少挑战。

当小贩中心的老一辈摊贩退休后,传统小贩美食将面对传承的问题;随着新商业模式兴起,旧式巴刹、小贩中心和咖啡店必须与廉价超市、冷气食阁、连锁咖啡店集团竞争,冲击看来不小。

就组屋区巴刹和超市的居民使用率而言,建屋局2008年一项大型居户调查报告显示:超市的使用率领先湿巴刹,随着生活方式和节奏的改变,该趋势预料将持续。尽管舒适的冷气超市物品齐全,夜间营业提供不少方便,不过却少了与湿巴刹摊主交流时的亲切感。

若问卷调查社区里哪些设施最让人感觉亲切,我的答

莫忘我：人类学家的老龄社会观察笔记

案将会是"咖啡店"。

住家附近的咖啡店是我们上班前必定光顾的早餐去处，不知从何时开始，每当我一踏入咖啡店，热腾腾的咖啡马上送来。原来咖啡头手（技术组织里最资深的师傅）远远看见我们就即刻泡咖啡。早晨的咖啡店很忙碌，但偶尔还是能与已经八十开外的头手叔叔亲切闲聊家常。

人类学者赖亚英在一篇关于本地咖啡店的撰文中，分

社区的游乐场设施，是老少乃至各族居民交流的触点。（作者摄）

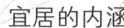

宜居的内涵

析了富有本土风味的咖啡店体现了新加坡多元文化社会的特色,同时具有促进居民交流和社区建设的功用。

与邻里建立关系,咖啡店往往扮演撮合者的角色。虽然我们的经验不算什么,但可以确定的是,当我们愿意把家中那台能冲泡上好咖啡的器具搁着不用,特意上附近咖啡店喝咖啡时,我们所享受的已不仅是咖啡的醇香。

在众多社区设施当中,游乐场是另一个有助于促进社区交流的设施。这些年来,国人不断努力打造和睦共处、具有凝聚力的社区,在这样的氛围下,当局更积极为居民提供更多促进交流的共有空间,比如在每400至800个组屋单位所形成的小区间兴建游乐场、凉亭、健身角落、花园等休闲设施。

除了新建和翻新更多游乐场,过去十年,更纳入两代或三代设施,比如在儿童游乐场的附近增设供乐龄和成人健身的不同角落,以促进三代家庭和社区居民的交流。

因为关注与代际交流有关的课题,我开始留意组屋区的游乐场,尝试了解新模式的游乐场是否在促进老少交流中起着积极的作用。

热闹的游乐场可视为多元社区的缩影,它也有助于促进多元社区的认同感。然而并非所有社区游乐场都热闹非凡,住家附近组屋邻里四个游乐场当中,有一个被四座组屋包围的小游乐场最显得"人气"旺盛。每天傍晚都聚集

莫忘我：人类学家的老龄社会观察笔记

了二三十名大人小孩，包括华、巫、印族，本地和外地人。

年幼孩童在游乐场自然地与其他小朋友嬉笑玩乐，间接为照顾他们的成年人制造互动机会。年纪稍大的孩子们大多成群地绕着游乐场追跑玩闹，他们之间偶尔也会起争执，但让人感受到的是彼此不分种族和国籍的接纳，这值得成年人反思。

上个月发布的首个种族和谐调查结果显示，我们的社会在促进族群和谐的课题上还有不少改善空间。我期待当局接下来能更重视与了解社区里有哪些有助于居民交流和联系感情的接触点，并把当中具有特色及值得保留的触点也考虑纳入新社区的规划，让我们的美好家园可以更亲切、更温馨。

2013年10月6日刊于《联合早报·学人视角》

再思社区参与

除了要解决人们因生活压力而频频发出的抱怨，收入稳定的中产阶层社会，更需要有人愿意群心策力去扶持社区里的弱势群体，关注社会平等。

新加坡国立大学的陈爱丽丝与彼德寄宿型学院（College of Alice & Peter Tan，简称 CAPT），日前首次主办了为期两天的国际学生讨论会。会议以 CAPT 的"活跃公民和社区参与"理念为主轴，其中包括关于建设健康社区、社会企业、环境的持续发展，以及移民与民权等课题的发表与讨论。同个时段也分堂进行学生主导的小型论坛，

莫忘我：人类学家的老龄社会观察笔记

从模型建设着手，去思考各种理想的假设，如实现建立真正亲残障者的城市、民族融合的社区，以促进不同世代融洽相处的空间，等等。

首日课题由我主持，主要探讨在"社会参与"框架下的教育与学习，教育部官员到场解释，让与会者了解教育部在鼓励学生社会参与的新教育改革。近期，我们所熟悉的"社区参加计划"（Community Involvement Programme，简称CIP）已改称"价值开展行动"（Values in Action，简称VIA）。新方针认识到之前CIP的不足之处，更提倡强调自主自发的社会参与，比如与其由学校决定学生的社会参与对象和范围，学生可以用小组形式，先到社区观察和发掘社区的需要，然后讨论提出试验性的解决方案，接着把方案付诸行动。

值得一提的是，行动的定义广泛，可以是直接伸出援手，也可以是通过社交媒体等媒介去宣导某个议题，旨在让学生学习成为有社会责任感的活跃公民，愿意为自己认为有意义的社区需要做出贡献。

我期望即将在各高、中、小学落实的自主自发型的社区参与学习概念，有助鼓励将来的大学生，更主动选修与社区参与和服务学习（service-learning）有关的课程，例如CAPT的"整合式课程经验"（Capstone Experience），就是一门除了学术方面的要求外，也需要学生组成小组，在

宜居的内涵

一个学期内设计与实际推行社区活动的特殊课程学习。

讨论会上,除了有教授和教育部官员谈论社区参与和教育的理论根据与实践,还有社区工作者结合学校和社区的代际学习课程提出初步调查报告,也有曾参与"社区参与"学习课程的国内外大学生讨论学习效果。与会者肯定了社区参与对社会发展和个人学习的重要性,但与此同时,也提出了实践上的一些挑战。

比如,热衷于服务社区的学生不明白,为何有了特定的服务对象及活动内容,仍旧不容易获得社区的支持。对此,有出席者就提醒,须正视社区活动的可持续性。例如,为有学习和行为问题的中学生举办培养自信的活动,用意虽好,但活动仅进行四五周,这群学生刚和大哥哥大姐姐们熟络,活动便得告一段落,倘若处理不当,反而会带来患得患失的心情。

同样的情况也出现在学生与年长者的代际交流项目。对参与者来说,这些活动不仅仅是帮助关怀的对象加强自信心或是排除寂寞,也同时是建立关系的渠道。为了达到持续性,有些学校或许会以"领养"的方式,与指定的社区服务机构长期合作,通过多届学生的参与,延续已经开展的活动项目。有些参与者也在活动结束后,继续通过社交媒体保持联系,维持已经建立起来的关系和情谊。

次日,社会学者陈恩赐以"新加坡中产阶级的发展"

莫忘我：人类学家的老龄社会观察笔记

大学生走入社区与老年居民交流。（作者摄）

为题，与学生占多数的出席者热烈讨论了有关新加坡梦和社会阶级的课题。

适逢那几天统计局公布了最新的家庭开支调查报告，显示出经济的稳健增长惠及平均家庭的收入，也提高了人们对较优质产品和服务的消费。对于中产阶层已占大多数的新加坡社会来说，未来仍然存在诸多挑战。除了要解决人们对于生活压力而频频发出的抱怨，收入稳定的中产阶层社会更需要有人愿意群心策力去扶持社区里的弱势群体，关注社会平等。

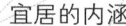

宜居的内涵

前阵子,有不少关于大专教育是否应该仅提供有实用就业价值课程的讨论。对支持者来说,鼓励社会参与等广泛课程应该是多余的,幸好新的教育改革已愈发意识到全面教育的重要性。鼓励学生深入思考分析和反思社区参与,除了帮助年轻人做好准备,应对将来的职场需求,也希望多年来服务社区的经验,有助于推动年轻人将来能够持续性地参与,在不同岗位上做出贡献,建设更美好的社会。

2014年10月12日刊于《联合早报·零距离》

终身学习的知行落差

在中国台湾地区,终身学习已不仅是'一种理念,更是一种行动,并且已融入民众的生活,成为一种生活态度与习惯'。

上个月的新闻报道:《对待老龄化和年长者的观念和态度》报告提到,虽然有近九成年龄介于50岁和74岁的人士认同终身学习的重要性,却仅有六成愿意上课学习。这份报告是活跃乐龄理事会委任新加坡国立大学李光耀公共政策学院政策研究所撰写,报告反映了受访者的终身学习观念,在"知"与"行"方面出现的落差。

"终身学习"这四个字,相信在接下来的日子,将会

宜居的内涵

更频繁地在新加坡社会出现。

新加坡关于"中高龄群体对终身学习需求与行为态度"的调查研究并不多；2008年由社会学者陈恩赐所撰写的《新加坡高龄者学习需求调查》报告，可算是一个较全面的调查。在1500名介于40至70岁的受访者当中，虽有略为超过半数的受访者表示对学习活动有兴趣，但是这个结论与实际参与课程者的比率存在落差，差距超过三成。该研究也发现，在课程内容方面，受访者比较有兴趣的，是关于健康、休闲、自我成长、心灵成长，以及一些技能课程（如电脑、外语等）；对于与工作技能有关的课程，他们表示兴趣不大。然而，报告也反映选修工作技能课程的参与人数却略高于其他课程，说明了人们重视实用课程。

为了更进一步了解婴儿潮一代的族群——也就是将来的高龄者，参与终身学习的动机和面对障碍的因素，在2012年，活跃乐龄理事会发布了该理事会委任飞跃社区服务中心所撰写的《新加坡年长者终身学习》报告，透过与总共64名50岁至64岁的学习者和非学习者的访谈，了解到这个落差——除了显示年龄和教育程度对终身学习态度的影响，也反映出更实际的问题：比如是否有为年长者提供合适的课程内容、适合他们的教学方式、年长者本身对学习的态度和周遭亲友的支持，以及适合的上课地点和时间等。在学习动机方面，与工作有关，例如为了找到好

莫忘我：人类学家的老龄社会观察笔记

工作，提升职场竞争力，或是因为公司要求而学习。这些动机相当普遍，一方面反映了政府在提倡通过终身学习以帮助人们在工作上取得提升的效果，却也令人关注对"终身学习"的狭义的务实的定义，是否会导致对"促进终身学习，基本旨在培养不断积极参与学习的习惯，以丰富完整人生"的忽略。

九月有幸参与中国台湾省新北市政府主办的终身学习国际论坛，在与东亚学者和实践人士交流之际，感受到东亚社会为终身学习推广政策所付出的努力。他们参照联合国教科文组织的终身学习与学习社会框架，设定了营造全民参与及全人发展学习型城市的目标。韩国自2001年开始发展终身学习城市，朴槿惠政府更通过"建构人生百岁时代的终身学习体系"政策，促进"幸福学习中心"的运营，积极提供人人都能在社区随时进行学习的机会。中国台湾则自1996年开始提出建立终身学习社会的建议，重要的里程碑包括奠定1998年为终身学习年，同年开展社区大学这个极具特色的终身学习机构，2010年由当地教育部门推行"终身学习行动年331计划"，鼓励人们每天运动30分钟、学习30分钟及日行一善。

大会结束后，我们参观了新北市的一些终身学习机构。例如，新店区的安坑小学校舍设置了乐龄学习中心和终身学习资源中心，加上活跃的妈妈志愿者穿梭其中，走进学

宜居的内涵

校宛如进入邻里社区般亲切。而同区的崇光社区大学则与崇光女中共用一些设施，每周也举办与中学生交流的代际互动活动。中国台湾地区的社区大学强调结合社区学习与社区发展，除了融入各个社区的独特人文、环境的学习和参与，也在促进公民意识、塑造公民社会的发展历程方面扮演了重要角色。

此行对中国台湾地区终身学习推广的入门认识中，我已可以体会到如台湾终身学习研究者吴明烈教授所言：在中国台湾地区，终身学习已不仅是"一种理念，更是一种行动，并且已融入民众的生活，成为一种生活态度与习惯"。

回想终身学习理事会旨在推广终身学习文化的目标，想起《新加坡年长者终身学习》报告中提到，有些非学习者从未听过"终身学习"，更不知道其意义，期望在接下来，本地会有更多更广泛终身学习的宣传，除了吸引不同背景的公众参与学习，也同时促进大家对终身学习意义的共识，在主动迈向一辈子的学习之旅时，实现自我成长和社会发展。

2014年11月9日刊于《联合早报·学人视角》
原刊名《终身学习的落差》

蜜蜂闪驻的反思

赶尽杀绝固然是最轻易的处理方式，然而我们是否也应该更用心地想一想，如何帮助蜜蜂在花园城市中宜居，让它们也拥有适合栖息与繁殖的空间呢？

两周前的一个早上，骇然发觉前院的一棵树上，不知何时"结"了一个足球般大的蜂窝，一家人顿时惊慌失措，我赶紧打电话向公园局求助。电话那一端的接线人员态度从容，可以想象这类情况不算稀奇，她弄清楚蜂窝是"结"在篱笆的范围内后，即表示这得自行找商业灭虫公司处理。

一定得消灭它们吗？我联络上一家灭虫公司后问有关

宜居的内涵

近年来全球蜜蜂数量的大减,是自然生态界失序的一个警告。(洪耀光摄影)

的负责员工。虽然那黑耸耸、贴着千百只蜜蜂的蜂窝看来挺骇人,可是我们都知道,蜜蜂不是害虫,它们辛勤工作的形象更促使新加坡在 20 世纪 80 年代为了推广"提升生产力运动"时,贴切地"委任"蜜蜂为"生产力大使"。近年来,全球蜜蜂数量大减,引发人们对自然生态界的失序有所隐忧,因而对蜜蜂产生了珍惜之意。

"是否有只是将其迁移而不杀死蜜蜂的处理方式?"我问。

当然,我也上网积极寻找,是否有比较环保且人道上可以接受的处理方式。在这过程中我发现,蜂窝除了可能出现在树上,也会筑在屋檐下、水管旁、阳台上、窗口外

莫忘我：人类学家的老龄社会观察笔记

等地方。

有人图文并茂地解说，如何使用大炷香把筑窝在浴室里的蜜蜂熏走，且可留下沾了些许蜂蜜的巢。

但是灭虫人员告诉我，在人口稠密的地方采取驱离的方式有其危险性，因为蜂群若受干扰而乱了方向，它们很可能攻击蜇伤人。不过，他表示会小心翼翼地处理，并会尽量采取温和的做法——先让蜜蜂陷入昏迷状态，然后把整个蜂窝包起来带走。

我接着问："是带到树林里让它们继续生存吗？"

对方支支吾吾一阵后表示"会处理掉"，言下之意，结局就是要把它们消灭。

我们考虑过后，最终决定让灭虫专员着手处理。到了接近中午时分，他们去视察时发现，蜂窝已有如篮球般大，陆续还有蜜蜂飞来加入阵容。我以为有关人员会即刻动工，但是他们说需要时间安排工作，隔天再回来处理。

那是个艳阳天，下午三时许小儿子放学回家，大人赶紧提醒他千万不要如常在前院踢球，以免不小心招惹蜂群，后果可不堪设想。儿子还是好奇地走到树下看了又看，竟然发觉蜂窝已经静悄悄地消失，这真是令人匪夷所思。莫非蜂群发现处境危险因此决定撤离？可惜我们错过了蜂群凌空飞舞而去的壮姿。

蜂窝自动消失，我们当然松了一口气，也很欣慰不必

宜居的内涵

面对蜂尸满地的惨状而感到内疚。打电话告诉灭虫人员这个情况时,感觉得出他在另一端露出惊诧的神情:"或许,或许它们工作去了,傍晚可能会再回来吧。"

"会再回来吗?"我也拨电话到公园局向专业人士请教,那位从容的接线人员认为应该不会的。"现在是花开季节,是蜜蜂四处采花蜜的迁移期,它们一飞往别处,一般就不会再返回。"

四月的确是岛国花儿争妍斗丽的季节。在我们家门前路上的几棵老芒果树,月前因为道路工程而被砍除了。或许蜂群是为了回到昔日的采蜜地点,却找不着熟悉的芒果花,因此暂栖息在旧时芒果树旁的一棵树上。明年的花季,不知道它们是否又会"下意识"、惯性地被引导再飞到这棵树?

花季蜜蜂闪驻,骤然让我这个漠视大自然的城市人意识到我们所谓的宜居环境,往往仅关注人类眼前的宜居需求,对于身为环境生态一分子的小昆虫,一旦被视为侵入人类居地,管它是益虫害虫,都先格杀勿论。

随着"蜂群崩溃症候群"(Colony Collapse Disorder, CCD)的严峻性,国外近年来已有不少环保团体,积极提倡保护辛劳采授花粉、为全人类提供了三分之一食源的蜜蜂。虽然该行动的重点大多集中在提倡减用农药,多采取有机的农耕方式,但是他们也同时让城市人发现

莫忘我：人类学家的老龄社会观察笔记

蜜蜂的珍贵。

  赶尽杀绝固然是最轻易的处理方式，然而我们是否也应该更用心地想一想，如何帮助蜜蜂在花园城市中宜居，让它们也拥有适合栖息与繁殖的空间呢？

  2015年5月17日刊于《联合早报·学人视角》